KB270737

찍다
채우다
그리다

스탬프 스텐실 페인팅

STAMP   STENCIL   PAINT

모던 스타일부터 북유럽 스타일까지
손으로 만드는 일상의 변화

안나 조이스 지음 | 박성은 옮김
리사 와닝어 사진

라의눈

찍다 채우다 그리다,
스탬프 스텐실 페인팅

초판 1쇄 2017년 8월 30일

지은이 안나 조이스　　**펴낸이** 설응도
옮긴이 박성은　　　　**펴낸곳** 라의눈

편집주간 안은주　　　**편집장** 최현숙
편집팀장 김동훈　　　**책임편집** 고은희
디자인 김현미　　　　**영업·마케팅** 나길훈
경영지원 설동숙　　　**전자출판** 설효섭

출판등록 2014년 1월 13일(제2014-000011호)
주소 서울시 서초구 서초중앙로29길 26 (반포동) 낙강빌딩 2층
전화번호 02-466-1283
팩스번호 02-466-1301
e-mail 편집 editor@eyeofra.co.kr 마케팅 marketing@eyeofra.co.kr
　　　　경영지원 management@eyeofra.co.kr

ISBN 979-11-86039-87-8 13630

부모님께 이 책을 바칩니다.

차례

들어가며

두 아티스트의 외동딸로 태어난 나는 어릴 적부터 미술을 접할 기회가 많았다. 내가 아직 아기였을 때, 엄마는 나를 업고 종종 판화 스튜디오를 찾았다. 오리건 주 유진 시내의 오래된 건물 3층에 있는 작은 스튜디오였다.

가장 오래된 기억으로 엄마가 쓰던 커터, 형형색색 물감을 찍을 때 쓰는 하얀 래그 페이퍼rag paper(펄프 대신 면 섬유로 만든 고급 종이-옮긴이) 더미, 유리판에 발린 잉크 냄새가 떠오른다. 좀 크고 나서는 아빠의 사진 스튜디오에 가곤 했다. 인화지에 흑백 사진이 마법처럼 생기는 걸 함께 보면서 아빠는 애지중지하는 레코드들을 트셨고 나에게 재즈, 블루스, 정통 락앤롤 같은 음악과 인생에 대해 말씀해주셨다.

어린 시절 내 주변엔 항상 미술 도구가 있었다. 십대 시절에는 부모님이 남는 침실에 마련해주신 내 스튜디오에서 콜라주를 하거나 그림을 그리거나 카드나 선물을 직접 손으로 만들면서 시간을 많이 보냈다. 이후 캘리포니아 주 오클랜드에 있는 캘리포니아 예술대학California College of the Arts에서 판화printmaking를 전공했다. 나는 중고품 할인매장에서 구한 빈티지 책이나 천, 리본, 종이, 세라믹의 패턴과 색깔에서 영감을 얻었다. 대부분의 작품은 종이에 찍어 만들었지만, 충동적으로 텍스타일학과 수업을 들었다가 천과 직물의 매력에도 빠져버렸다.

졸업 후 판화 스튜디오에 나가지는 못했지만, 작품 활동은 계속하고 싶었다. 운 좋게도 나와 남편 빅터는 재봉틀과 바늘, 실, 가위가 담긴 바구니를 결혼 선물로 받았다. 엄마는 내게 재봉틀로 바느질하는 법을 가르쳤고, 아빠는 바느질 테이블(지금도 쓰고 있다)을 만들어주셨다. 그러면서 날염, 패턴, 색깔, 옷감 같이 내게 영감을 줬던 것들이 바느질을 통해 구체적으로 표현되기 시작했다. 이후 10년 동안 나는 독학으로 바느질을 배웠다. 2009년에는 남편과 엄마의 추천으로 핸드프린트 텍스타일 사업을 시작했다. 단순한 무늬의 천 냅킨, 테이블 러너, 베개가 내 첫 번째 컬렉션이었다.

책을 쓸 수 있는 굉장한 기회를 얻게 되면서 나는 천, 세라믹, 가죽, 금속, 벽 등 다양한 소재로 작품에 도전해봤다. 모든 소재가 내게 영감을 주었다. 이 책을 쓰기 시작하면서 수많은 패턴이 떠올랐다. 내가 즐겨 찾는 미술용품점인 콜라주Collage에서 사람들에게 책에 대해 말하자, 사람들은 기꺼이 내게 미술용품을 후원해주었다. 그리고 친절하게도 웨스트 엘름West Elm에서 제품들을 후원해준 덕분에 일부 작품에 사용할 수 있었다. 이제 나의 작품을 세상에 보여줄 수 있게 된 것이다.

수년간 여러 미술용품점들을 둘러봤지만, 새로 나온 몇몇 도구들은 잘 모르고 있었다. 이제는 정말 이 새로운 도구들을 사용해봐야겠다는 생각이 들었다. 다양한 소재에 사용할 수 있는 멋진 색깔의 수제 스탬프 재료, 스탬프 패드, 천에 쓸 수 있는 빛에 민감한 염료, 새로운 스텐실 도구, 혼합돼 나온 아름다운 색깔의 물감을 발견했다. 집에 있는 내 스튜디오에 갈 때마다 뭔가를 만들고픈 에너지가 솟구쳤다. 새로운 도구를 써보는 것 외에도 새로운 방법을 찾아보고 어린 시절과 대학 때 배웠던 것들을 기억해내기 시작했다. 수작업으로 날염하고 패턴을 칠하는 작업은 단순해서 영감을 얻고 결과물을 눈으로 직접 보는 데까지 시간이 많이 걸리지 않아서 좋다.

나는 누구나 할 수 있는 작품을 골라 소개하고, 독자에게 원하거나 필요한 것을 직접 손을 만들어낼 때 느끼는 재미와 보람을 선사하고자 이 책을 썼다. 이 책의 각 장은 먼저 기법에 관한 기초 지식, 도구 설명으로 시작하여 기법을 이용한 작품과 이를

만드는 방법으로 넘어간다. 책에서 제안하는 순서대로 따라갈 수도 있지만, 좋아하는 것이나 기분에 따라 순서와 상관없이 여러분이 정해서 만들어도 좋다. 스탬프는 정해진 방법이 있지만, 다루기 쉽고 정밀하게 만들 필요가 없다. 따라서 오후에 간단하게 뭔가 만들고 싶다면 스탬프로 알록달록한 쿠션을 만들거나(38페이지 참조) 테라스나 정원에 놓을 테라코타 화분을 장식할 수도 있다. (51페이지 참조) 시간이 허락한다면 바로 스텐실 장으로 건너뛰어 멋진 토트백이나(66페이지 참조) '화사한 색깔의 테이블보'(70페이지)와 같이 다양한 색깔의 패턴을 만들어보기 바란다. 페인팅은 여러 도구가 필요하지만, 무엇보다 집중력이 중요하다. 물감을 바를 곳을 잘 살피면서도 좀 더 편안하고 자유로운 마음으로 칠하면 결과물이 더 자연스럽고 만족스럽게 나온다. 어떤 작품을 선택하든 편안한 마음으로 과정을 즐기고, 손이 만들어내는 한결같지 않고 '완벽하지 않은 것'이야말로 가장 특별하고 의미 있는 것임을 알아두기 바란다.

물론 나는 독자 여러분이 이 책에 나온 모든 작품을 다 만들어보길 바라지만, 작업할 시간이 없는 날에는 그저 책을 읽는 것만으로도 여러분이 즐겁고 또 뭔가를 하고픈 의욕이 생겼으면 좋겠다.

이 책은 즐겁게 사는 방법을 담은 책이다. 새로운 것을 시도하고, '불완전함'을 받아들이며, 무엇보다 손으로 뭔가 만들어보는 것이 이 책이 쓰인 이유다.

여러분 모두 이 책으로 행복해지길.

왼쪽 위 내 스튜디오에 있는 아름다운 작업대
오른쪽 위 엄마의 판화 스튜디오에 숨어 있는 나
위 아빠가 찍은 엄마의 스튜디오에서, 엄마와 나

시작하기

이 책에서 소개하는 작품들은 쉬운 방법으로도 멋지게 만들 수 있도록 구성되었다.
기본 바느질을 알아야 하는 작품도 있고 특별한 도구를 사야 하는 작품도 있지만, 대부분은 그저 시작할
의욕과 용기만 있으면 만들 수 있다. 내가 설명하는 방법대로 두려워하지 말고 직접 만들어보자.
각 장에서 나올 내용을 여기 간략하게 소개하겠다.

스탬프 STAMP

나는 판화제작자이기 때문에 아무래도 스탬프에 애착이 크다. 개인적으로 스탬프에 직접 패턴을
넣는 과정을 좋아한다. 스탬프 작업은 결과가 바로 나와서 몇 분 만에 간단한 스탬프를 만들어서
오래 두고 쓸 수도 있고, 다양한 패턴이 들어간 스탬프도 만들 수 있다. 수제 스탬프는 예상치 못
한 것을 받아들이는 명상과도 같다. 아무리 똑같은 스탬프라도 자국마다 조금씩 모양이 다르고 독
창적인 느낌을 준다. 이 책에 소개한 작품들은 재밌고, 가볍게 할 수 있다. 이 장에서는 세라믹, 가
죽, 종이 등에 패턴을 넣는 법을 소개한다.

스텐실 STENCIL

스텐실은 깔끔하고 선명하고 정교한 패턴을 만드는 멋진 방법으로, 다양한 소재에서 쓸 수 있다.
스텐실은 여러 색깔이 들어간 디자인에 특히 좋은데, 복잡한 패턴도 만들 수 있다. 이 장에서는 내
가 디자인한 패턴을 손으로 잘라 스텐실로 만드는 방법과, 모양자 같이 시중에서 살 수 있는 스텐
실을 활용한 방법을 소개한다. 옷감, 세라믹, 가구, 벽에 이르기까지 다양한 소재에 꽃이나 도형을
넣는 방법을 배울 수 있을 것이다.

페인팅 PAINTING

이 장에서는 구체적인 페인팅 방법보다는 자신감을 갖고 다양한 색깔을 써보고 아이디어를 내는
쪽에 주안점을 뒀다. 많은 사람들이 붓을 잡거나 칠하는 것만으로도 두려움을 느낀다. 하지만 이
런 두려움을 극복하면 불완전하고 꾸불꾸불하고 비뚤어지기까지 한 패턴이 얼마나 사랑스럽고
멋지고 생기 넘치는지 알게 될 것이다. 여기서 소개하는 페인팅 작품들은 세라믹, 종이, 천 같은
소재를 장식한 것이다. 이를 통해 침구를 대담하고 멋지게 칠할 수도 있다. 이 장에서 필요한 도
구는 물감과 붓, 그리고 이것들을 사용하는 여러분의 자신감이다.

컬러 스토리 만들기

나는 특이하거나 선명한 색깔들을 조합하는 걸 꺼려본 적이 없기 때문에, 그동안 '내가 좋으면 어울린다'라는 소신을 갖고 있었다. 하지만 스탬프, 스텐실, 페인팅을 할 때 패턴을 만들어보면서 색깔을 선택할 때 도움이 될 만한 팁을 얻게 되었다.

새로운 패턴을 만들 때, 나는 시작하기에 앞서 몇몇 색깔을 염두에 두는 편이다. 나는 이것을 '컬러 스토리'라고 부른다. 아기와 관련된 물건이라면, 122페이지에 있는 '쉽게 만든 멋진 솜이불'에서처럼 오렌지나 초록 같은 밝고 발랄하고 재미나고 선명한 색깔을 추천한다. 좀 더 차분한 색깔을 원한다면 코발트 블루, 진한 초콜릿 브라운이나 검정 같이 유행을 타지 않는 색깔이 좋다.

74페이지에 있는 '북유럽 스타일의 램프'처럼 변질되지 않는 소재나 주변과 어울려야 하는 것에 패턴을 넣을 경우, 네이비 블루처럼 중립적이고 차분한 느낌이 드는 색깔을 고르는 것이 좋다. 이렇게 하면 패턴이 좀 더 오래가고 같은 공간에 있는 다른 색깔과 부딪히지 않는다. 아니면 108페이지의 '물방울무늬 디저트 접시'처럼 쓰고 난 다음 오랫동안 보관하게 되는 물건인 경우, 시선을 끄는 대담하고 인상적인 색깔을 쓸 수 있다.

색조를 정할 때 고려해야 할 또 한 가지는 작업할 소재의 색깔과 질감이다. 26페이지 '도넛 리넨 앞치마'에서처럼 리넨의 질감과 아름다움을 살리기 위해 나는 리넨의 색깔과 부딪히지 않으면서도 잘 어울릴 만한 반투명의 밝은 파란색 잉크를 선택했다. 또 51페이지의 '어디서나 어울리는 테라코타 화분'의 경우, 색깔이 어둡고 흡수력이 있는 점토에서는 물감 색깔이 약간 탁해지기 때문에 아주 밝고 농도가 진한 물감을 써서 패턴이 선명하게 나오도록 했다.

하나의 디자인에 2가지 색깔을 쓸 때는 선샤인 옐로나 밝은 분홍 같은 선명한 색깔을 하나 정해서 이보다 어둡고 중립적인 색깔과 배치하면 망칠 일이 거의 없다. 130페이지 '사선무늬 침구 세트'에서는 밝은 노란색과 어두운 차콜 그레이 charcoal gray를 써서 세련된 느낌을 줬다. 66페이지와 오른쪽 사진에 있는 '꽃무늬 토트백'에서는 새먼핑크 salmon pink와 탁한 네이비블루를 써

서 어떤 색깔의 옷과도 잘 어울리게끔 표현했다.

색깔 조합의 또 다른 팁은 같은 계열의 색깔들을 사용하는 것이다. 118페이지의 '색다른 느낌의 파티 클러치'에서 나는 밝은 분홍색 물감과 이보다 더 밝은 분홍색 가죽을 선택했다. 이 방법은 파랑-초록 계열로 색깔을 맞춘 104페이지의 '붓질이 더해진 부엌용 천'에서도 사용됐다.

색깔을 알아가는 가장 좋은 방법은 다양하게 시도해보는 것이다. 좋아하는 색깔로 실험하듯 즐겨보라. 확실하지 않을 때는 따뜻한 느낌이 드는 차콜 그레이를 써라. 어떤 경우에도 잘 어울리기 때문이다.

크기가 중요한 이유

여기서 크기란 패턴의 크기를 뜻하는데, 크기는 주로 간단히 소, 중, 대 3가지로 나뉜다. 115페이지의 '아네모네 소금통' 같이 아주 작은 물건에는 패턴을 작게 넣고, 큰 물건에는 반대로

큰 패턴이 필요하다. 아주 작은 패턴으로 아주 넓은 공간을 채우면 너무 복잡해 보이고 눈이 피로할 수 있다.

나는 패턴을 디자인할 때 균형을 생각한다. 완성된 작품을 전체적으로 훑어봤을 때 너무 빽빽하거나 너무 헐렁해 보이는 부분이 없어야 한다. 오래전에 엄마가 가르쳐주신 방법이 하나 있는데, 바로 작품과 약간 떨어져서 실눈을 뜨고 보는 것이다. 너무 비어 보이거나 너무 꽉 차 보이는 부분이 있는가? 무거워 보이거나 빽빽해 보이는 부분이 있는가? 실눈을 뜨고 멀찍이 떨어져 보면 디자인을 균형감 있게 배치할 수 있다.

하지만 보통의 디자인이 그러하듯, 물론 예외도 있다. 여기에 나오는 패턴들은 자주 쓰이고 즐겁게 작업할 수 있도록 만들어졌다. 여러 방법으로 패턴을 실험해보자! 작은 물건에 커다란 디자인을 넣어서 참신한 작품을 만들 수도 있다. 또는 넓은 면에 작은 패턴을 써서 어떤 느낌이 나는지 알아보자. 패턴을 많이 써볼수록 패턴 크기를 정하는 데에 능숙해질 것이다.

주로 등장하는 재료와 도구

다음은 판화에 쓰이는 기본 재료와 도구다. 이에 관한 구체적인 내용은 각 장에 나와 있는 정보를 참고하기 바란다.

안료

'안료'는 색깔이 들어간 성분을 일반적으로 이르는 말이다. 물감이 될 수도 있고 잉크나 마커 등이 될 수도 있다. 이 책에서 안료는 색깔을 더하는 기본 뜻으로 쓰였다. 각각의 안료는 특성에 따라 신중히 선택해야 한다.

이 책에 나온 대부분의 작품에서는 어디서나 쓸 수 있는 아크릴 물감이나 텍스타일 물감을 사용했지만, 경우에 따라 다른 안료를 쓴 것도 있다. 예를 들어 26페이지의 도넛 리넨 앞치마에 들어간 패턴은, 이후 스탬프 장에서 소개하겠지만 잉크 패드를 사용했다. 각 장을 거치면서 여러 안료를 배울 수 있을 것이다.

아크릴 물감

나는 많은 작품에 여러 소재에서 쓸 수 있는 아크릴 물감을 사용했다. 특정 소재에서만 쓸 수 있는 물감보다는 다용도로 어디서나 쓸 수 있는 아크릴 물감을 즐겨 쓰는 편이다. 가격도 저렴하고 색깔도 다양해서, 물감들을 섞어서 색깔을 만드는 것보다 그대로 쓰는 걸 좋아하는 사람에게 좋다. 내가 좋아하는 물감 브랜드는 마사 스튜어트 Martha Stewart에서 나온 멀티 서피스 새틴 아크릴 크라프트 물감 Multi-Surface Satin Acrylic Craft Paint이다.

아크릴 물감은 진하고 불투명해서 색깔이 선명하고 대담하다. 마르면 뻣뻣해지기 때문에 물감의 영향을 덜 받는 가죽, 세라믹, 아주 두꺼운 천에 쓰면 좋다.

텍스타일 물감

당연하겠지만 텍스타일 물감은 아크릴 물감처럼 바른 후 뻣뻣해지지 않아서 천에 스탬프를 찍거나 스텐실을 채워 넣을 때 안성맞춤이다. 또, 브레이어 brayer(안료를 바를 때 쓰는 롤러 중 하나)로 잘 밀리고 스탬프도 잘 찍히면서 천의 질감에 영향을 미치지 않는다.

아크릴 물감처럼 텍스타일 물감도 다양한 색깔의 제품이 나와 있고, 직접 섞어서 수많은 색깔을 만들어낼 수 있다. 작업 후에 물건이 변색되지 않으려면 물감 제품 설명서대로 텍스타일 물감을 열처리해야 한다. 물감 66.5밀리리터(2.25온스) 정도면 여기에 나온 작품들을 만들어보기에 충분하다. 한 병 이상 필요하다면 제품 설명서에 따르면 된다.

수작업으로 날염하거나 천을 염색할 때 나는 다이나 플로우 Dye-Na-Flow라는 텍스타일 물감을 쓴다. 물감이지만 잘 발라지고 색깔도 진하고 아름다워서 마치 염료 같아 보인다. 붓으로 바르거나 직접 물건을 담그는 식으로 사용한다.

돋보이는 색깔: 파랑과 분홍은 대부분의 얼굴색에 잘 어울리고 보기에도 나쁘지 않다. 그래서 126페이지의 '햇볕과 함께 만든 스카프'나 82페이지 '실크 인피니티 스카프'[인피니티 스카프(infinity scarf)란 끝과 끝이 연결된 동그란 형태의 스카프를 말한다-옮긴이] 같이 얼굴 가까이에 착용하는 물건을 만들 때 즐겨 사용한다.

물감을 섞어서 색깔 만들기

나는 몇몇 색깔을 섞어서 색을 만든 물감이라도 즐겨 쓰는 편이다. 하지만 작품에 따라 원하는 색깔을 쓰기 위해 물감을 혼합해야 할 때가 있다. 필요에 따라 작품 설명에 혼합하는 방법을 넣었는데, 여기서는 물감을 혼합하는 기본적인 방법만 소개하겠다.

· 깨끗한 플라스틱 컵, 아티스트 팔레트, 물감을 담을 수 있는 여러 칸의 플라스틱 그릇이 필요하다. 나는 물감을 섞을 때 그림 그리는 붓을 즐겨 쓴다. 붓털이 유연하면서도 짧아서 물감이 잘 섞이고 색깔을 바로 테스트해볼 수 있다.

· 가장 밝은 색깔부터 시작해서 어두운 색깔 순서대로 물감을 섞는다.

· 물감을 잘 섞어서 줄무늬가 생기지 않도록 한다.

· 한번 섞으면 똑같이 따라 하기 힘들기 때문에 작업하기 충분한 양을 섞어 놓는다. 아크릴 물감은 천에 발랐을 때 마르면서 색깔이 약간 어두워지고, 반대로 액상 텍스타일 물감은 바르면 더 밝아진다. 때문에 마지막에 물감을 섞을 일이 있을 때는 먼저 물감이 완전히 마를 때까지 기다려보자.

아크릴 아티스트 팔레트

안료를 혼합하고 굴려 넣고 패턴을 찍거나 바를 때, 21.6×27.9cm(8.5×11인치)짜리 아크릴 시트[플렉시글라스(plexiglas)라고도 부른다]를 추천한다. 미술용품점에서 이 시트를 저렴하게 구할 수 있다. 23페이지에서 이 팔레트를 사용했다.

붓과 도포용 도구

붓과 안료에 쓰는 도포용 도구로는 그림을 다듬을 때 쓰는 작고 끝이 가는 그림 그리는 붓에서부터 넓은 면적을 칠할 수 있는 털이 넓고 짧은 붓에 이르기까지 다양하다. 나는 112페이지 '브레이어로 멋을 낸 포스터'에서 브레이어를 '붓'처럼 쓰기도 했다. 털이 쉽게 갈라지지 않는 좋은 붓을 사둬라. 한번 사놓으면 오래가기 때문에 싸구려 붓보다 훨씬 쓸 만하다. 각 작품마다 필요한 붓을 따로 적어두었다.

커터

커터는 스탬프나 스텐실을 만들 때 쓰인다. 디자인을 물 흐르듯 잘라낼 수 있기 때문에 가위로 하는 것보다 훨씬 더 작고 정교한 모양을 만들 수 있다. 박스 커터보다 크지 않고 펜 크기 정도 되는 커터를 구하자. 디자인을 깔끔하게 잘라내려면 칼날을 자주 갈아줘야 하기 때문에 예비 칼날을 구비해두는 게 좋다. 틀린 말처럼 들릴지 모르지만, 날카로운 칼날이 무딘 칼날보다 쓰기 편하고 안전하다. 커터를 쓸 때는 주위를 잘 살피면서 손이 베이지 않도록 조심하자.

잘 드는 가위

스텐실을 만들거나 그 밖에 자를 일이 있을 때 필요하다.

커팅 매트

자체 복구되는 큼직한 커팅 매트를 구하자. 커팅 매트에는 격자무늬가 있어서 치수를 재거나 치수만큼 잘라낼 때 편리하다. 때문에 천으로 작업할 때 없어서는 안 될 도구다. 직접 스텐실이나 스탬프를 만들 때도 유용하다. 커팅 매트는 작업대가 베이거나 잘려나가지 않도록 보호할 뿐만 아니라, 표면이 푹신해서 커터를 쓸 때 더 쉽고 안전하다. 커팅 매트 밖으로 칼날이 미끄러져 나갈 일이 없게끔 61×91.4cm(24×36인치)짜리 매트를 추천한다.

커팅 매트는 평평한 상태로 직사광선을 피해서 보관하고, 그 위에서 절대 다리미질을 해서는 안 된다. 커팅 매트에 과도하게 열이 가해지면 커팅 매트가 휘어져서 쓸 수 없을지 모른다.

자

나무 자로도 이 책에 나온 작품들을 만들 수 있지만, 개인적으로 투명 아크릴 자를 좋아한다. 선을 긋거나 펜이나 붓으로 패턴을 만들 때 밑이 들여다보이면 편하기 때문이다. 다양한 종류의 아크릴 자가 있지만, 나는 10.2×35.6cm(4×14인치)짜리 자를 즐겨 쓴다.

아티스트 테이프

아티스트 테이프는 뗐다 붙일 수 있는 특수한 테이프로, 표면에 끈끈한 잔여물을 남기지 않는다. 소재의 손상 없이 쉽게 뗄 수 있어서 종이를 비롯한 모든 소재에 사용할 수 있다. 또한, 90페이지의 '줄무늬 수납 바구니'에서처럼 페인팅이나 스텐실을 할 때 일부를 덮을 용도로 쓸 수도 있다. 시중에 다양한 종류의 아티스트 테이프가 나와 있는데, 너비 1.3cm(0.5인치) 테이프 1롤이면 이 책에 나온 것들을 작업하기에 충분하다.

작업용 앞치마

페인팅, 프린팅, 스탬프를 하다 보면 옷이 더러워질 수 있기 때문에 작업용 앞치마를 두면 요긴하게 쓰인다. 또, 이것저것 만들면서 앞치마에 손자국이나 물감이 쌓이는 걸 보는 재미도 쏠쏠하다.

깔개용 천 drop cloth

깔개용 천은 값이 저렴하고 철물점이나 미술용품점에서 쉽게 구할 수 있다. 깔아두면 작업대와 바닥을 보호하고 청소도 쉬워진다.

스케치북과 디자인 폴더

스케치북은 메모하거나 낙서하거나 그림을 그릴 때뿐만 아니라, 색깔 견본을 만들 때 아주 유용하다. 어떤 아이디어가 떠올랐을 때 스케치북에 그려놓으면 나중에 도움이 될 것이다. 또, 폴더를 마련해서 아이디어가 갑자기 떠올랐을 때 바로 쓸 수 있게끔 스텐실과 도안을 보관해놓는 것을 추천한다.

나만의 작업 공간

나는 자신만의 작업 공간이 필요하다고 생각한다. 보통 그 장소를 '스튜디오'라고 부르지만, 그저 이름을 갖다 댔을 뿐이다. 스튜디오는 여러분이 오후, 주말 또는 평생 동안 작업할 수 있는 공간이면 된다. 내 아이들은 아직 어려서 나는 집에 내 스튜디오를 마련했다. 우리 가족은 도심의 작은 집에서 살고 있는데, 이 책에 나올 작품을 만들다 보니 바느질할 수 있으면서 나의 사업과 분리된 공간이 필요해졌다. 주말 동안 우리 집 2층 거실에서 작업했는데, 남편은 그 공간을 내 '북 스튜디오'로 쓰라고 했다.

이 책에 소개한 모든 작품들이 거실 테이블에서 디자인되고 완성되었다. 약간 의외였지만, 딸들은 이 새로운 스튜디오를 즐겁게 드나들면서도 내 도구와 작품들을 건들지 않았다. 내가 작업할 때는 종잇조각에 스탬프를 찍어보기도 하고 이리저리 둘러보면서 (주로 선명한 색깔의 테이프를 손에 쥐고) 주변에 있는 것들로 뭔가 만들었다. 따라서 내가 이 책에 나온 작품들을 거실이나 부엌에서 만들 수 있다고 말해도 절대 과장이 아니다!

여러분에게 영감을 줄 수 있는 곳, 편안하면서도 어느 정도 여유 공간이 있는 곳을 찾아라. 창문 가까이 있어도 괜찮지만, 테이블이나 책상 같이 튼튼한 작업대는 필수다. 작업하기 전에 새로운 스튜디오에 어수선하게 널려 있는 잡동사니들을 정리하자. 그리고 작품 설명을 잘 읽고 도구를 정리해서 가까운 곳에 놓자. 도구가 순서대로 정리되지 않은 상태에서 작업을 시작하는 일이 없어야 한다.

스탬프

스탬프 기초 지식

재료 블록에 이미지를 새겨 압력을 가하는 방식으로 수제 스탬프를 만들 수 있다.
판화에서는 예부터 리놀륨 linoleum이나 나무를 썼지만, 이제는 훨씬 쉽고 빠르게 새길 수 있으면서도
아름다운 결과물이 나오는 스탬프 재료가 시중에 많이 나와 있다.
나는 스탬프를 찍어 물건을 만드는 것을 좋아한다. 여러분도 직접 해보면서 스탬프로 이렇게 쉽게
아름다운 작품을 만들 수 있다니 하며 좋아해주기를 바란다.

스탬프란?

스탬프는 조각되고 성형되고 잘리는 재료로 양각, 음각의 디자인이나 형태를 넣어 만들어진다. 이후 스탬프의 튀어나온 부분에 안료를 묻혀서 종이, 천, 그 외의 소재에 압력을 가한다. 그러면 디자인이 소재에 베껴진다. 얼핏 보면 아주 단순해 보이지만, 스탬프를 만들고 쓰는 과정에는 예술적 감각이 필요하다. 적당한 디자인을 고르고 그에 맞는 스탬프 재료를 정해야 하며, 소재에 스탬프를 조심스럽게 새기고 알맞은 잉크와 용품을 골라야 작품을 성공적으로 완성할 수 있다. 각 소재의 미묘한 차이도 무시할 수 없다. 부드러운 점토에 찍는 것과 두꺼운 천에 찍는 것은 많이 다르다. 이 장에서는 이런 모든 내용을 다룰 것이다.

스탬프 재료와 도구

스탬프를 직접 조각하여 만드는 것은 생각보다 어렵지 않다. 먼저 스탬프를 만들기 전에 필요한 재료와 도구를 소개한다.

고무 조각 블록 carving block

고밀도 고무 블록은 쉽게 구할 수 있고 값도 저렴하면서 수제 스탬프를 만들기에 좋은 재료다. 지우개와 비슷한 모양인데, 커터가 미끄러질 일이 거의 없어서 뻣뻣한 리놀륨 소재보다 빠르고 쉽고 안전하게 스탬프를 조각할 수 있다. 도형을 원한다면 커터로 부드러운 고무 블록을 잘라내며 만들면 되고, 좀 더 정교한 디자인을 할 때는 20페이지에서 소개하는 조각칼을 쓰면 된다. 고무 블록으로 만든 스탬프는 여러 번 쓸 수 있고, 비누와 물로 쉽게 안료를 지울 수 있다. 여러 고무 조각 블록 판매 회사 중에 나는 스피드볼 Speedball에서 나온 스피디컷 Speedy-Cut과 스피디 카브 Speedy-Carve 블록 제품을 좋아한다. 분홍색 스피디 카브 블록은 얇고 탄력 있으며 작은 조각으로 자를 수 있지만, 탄력이 덜하고 시간이 지나면 부서지는 하얀색 스피디 컷 블록보다 조금 비싸다. 2가지 모두 조각하기 아주 쉽고 크기도 다양하기 때문에 각각 써보고 여러분에게 맞는 것으로 결정하면 된다.

폼 foam 블록으로 만든 폼 스탬프

나는 매직 스탬프 Magic Stamp라는 폼 블록 재료로 폼 스탬프를 즐겨 만든다. 소재를 가열하고 눌러서 스탬프를 만들 때 주로 쓰는데, 모양이 예쁘게 잘리는 것 같다. 보통 커터로 파란색의 촘촘한 7.6×10.2cm(3×4인치)짜리 폼 블록을 스탬프 모양으로

스탬프 재료와 도구

1. 부드러운 연필 2. 폼 스탬프 3. 일본식 조각칼 4. 아크릴용 아티스트 팔레트 5. 하얀색 아티스트 테이프 6. 고무 조각 블록 7. 커터 8. 본 폴더 bone folder (소재에 선을 긋고 눌러주는 역할을 하는 도구-옮긴이) 9. 스탬프 도안 10. 칼날 교체 가능한 조각칼 11. 수제 조각 스탬프 12. 브레이어 13. 어디서나 쓸 수 있는 스탬프 패드 14. 어디서나 쓸 수 있는 아크릴 물감

Speedy-Carve
X-ACTO
SPEEDBALL

잘라서 쓴다. 마른 상태로 또는 안료에 적셔서 사용할 수 있어서 아크릴 물감이나 텍스타일 물감 모두에 알맞다. 또, 결과물도 잘 나오는 편이다.

넓은 면적에 도형 스탬프를 찍을 때 나는 폼 스탬프를 즐겨 사용하는데, 옷감이나 종이에 쓸 때 특히 좋다. 폼 소재는 아주 부드럽고 미세한 구멍이 많이 있어, 스탬프를 찍을 때 다른 소재보다 압력이 덜 가해진다. 따라서 큰 크기의 디자인을 작업할 때 손목에 무리가 가지 않는다. 일부 작업에서는 여러 개의 블록을 쓰기도 하는데, 색깔과 디자인마다 블록을 따로 써서 패턴을 만들 수도 있다.

스탬프 키트

각 작품마다 쓰이는 도구를 자세히 적어두기는 했지만, 아래 도구들은 대부분의 스탬프 작업에서 필요한 것들이다. 작업을 시작하기 전에 항상 옆에 두자.

- 깔개용 천
- 커터와 여분의 칼날
- 리놀륨 조각칼
- 가위
- 자체 복구되는 커팅 매트
- 자
- 잉크를 섞을 때 쓸 플라스틱 또는 종이컵
- 플라스틱 스푼
- 아크릴 아티스트 팔레트
- 본 폴더 또는 부드러운 나무 스푼
- 아티스트 테이프
- 도안을 베껴 그릴 흰 종이
- 종잇조각

스탬프를 사서 써도 OK!

아주 작고 정교한 이미지를 쓰고 싶을 때 나는 손으로 조각하기 어려운, 아주 가는 선이 들어간 고무 스탬프를 사는 편이다. 미술공예용품점에 가면 여러 종류의 고무 스탬프가 있는데, 직접 만든 스탬프처럼 오래 쓸 수 있는 것도 꽤 있다. 만들 시간은 없고 뭔가 개성을 표현하고 싶을 때 사용하면 좋다.

잉크 패드

스탬프에 물감을 바르는 쉬운 방법은 스탬프 패드를 쓰는 것이다. 천, 가죽, 세라믹, 나무, 종이 같은 소재에 찍을 수 있고 한 번 찍으면 오래가는 스탬프잉크 패드가 시중에 많이 나와 있다. 스탬프 패드는 고무 스탬프가 잉크 패드 안에 들어가는 크기로 고르면 된다. 보통 6.4×10.2cm(2.5×4인치)짜리 패드를 많이 쓴다.

아크릴 아티스트 팔레트

14페이지에 나온 아크릴 아티스트 팔레트를 추천한다. 특히 수작업으로 스탬프를 찍을 경우에 물감을 섞고 스탬프 표면에 고르게 물감을 바르려면 없어서는 안 될 도구다. 물감을 바꿀 때 개수대에서 닦기도 쉽고 아주 튼튼하다. 과자 포장지나 종이 접시를 쓸 생각 하지 말고, 제대로 된 도구에 조금만 투자하자. 종이 접시는 안료를 흡수하고 린트lint(부드러운 면직물의 일종–옮긴이)에서 작업하면 브레이어를 쓸 때나 스탬프에 도안을 베낄 때 물감이 금세 말라버린다. 또, 베이킹 시트는 겉이 어두운 색깔이라 물감 색깔을 정확하게 파악하기 어렵다.

리놀륨 조각칼 세트

리놀륨 조각칼은 리놀륨 표면에 사용하도록 만들어졌지만, 고무로 된 스탬프를 자르고 조각할 때도 유용하게 쓰인다. 보통 크기와 용도마다 따로따로 만든 조각칼을 묶어서 세트로 판매한다. 섬세한 선을 그릴 때 쓰는 나무 손잡이가 달린 V자형 가우지gouge에서부터 넓은 스탬프 표면을 정리하는 완만한 U자형 칼날에 이르기까지 종류가 다양하다.

손잡이 하나에 교체용 칼날이 여러 개 붙은 것도 있다. 이런 도구들은 처음 스탬프를 시작할 때 꽤 쓸 만하지만(스피드볼에 좋은 세트 제품이 있다), 개인적으로 끝을 풀고 칼날을 바꾸지 않고도 바로바로 집어서 쓸 수 있는 개별 조각칼 세트를 선호한다. 내가 좋아하는 세트 대부분은 일제고, 전문 판화용품점(142페이지 추천 웹사이트를 참조)에서 구할 수 있다. 이 제품들은 칼날을 교체하는 것보다 견고하고 정교할뿐더러 칼날을 날카롭게 갈 수 있어서 오래 두고 쓸 수 있다.

브레이어

스탬프를 어딘가에 찍기 위해 스탬프에 물감을 바를 때 사용한다. 쓰는 방법은 간단하다. 먼저 브레이어를 밀어서 스탬프에 안료를 묻힌다. 브레이어는 3.8~20.3cm(1.5~8인치)까지 크기가 다양하고 아크릴 브레이어와 고무 브레이어 2가지 종류가 있다. 아크릴 브레이어는 보통 광을 낼 때나 이와 비슷한 작업을 할 때 쓴다. 고무 브레이어는 안료를 바를 때 쓰며, 이 책에 나온 작품들을 작업할 때 꼭 필요한 도구다.

나는 3.8cm(1.5인치) 너비의 고무 브레이어를 쓴다. 이 정도 크기면 폭이 넓은 스탬프에 물감을 바를 때 폭이 충분하고, 가는 선과 조그만 모양이 들어간 작은 스탬프에서도 지저분해지지 않는다.

브레이어는 닦기 쉽고 관리만 잘하면 오랫동안 사용할 수 있다. 사용 후에 브레이어를 종이에 감아서 남아 있는 안료를 제거하고 경우에 따라 남아 있는 잉크를 닦아낸다. 그다음, 비누와 물로 씻어내고 완전히 말린 후 보관한다.

드러나는 부분과 감춰지는 부분

고무 스탬프를 만들다 보면 찍히지 않을 부분을 깎아내기 때문에 그 부분에는 물감이 묻지 않는다. 패턴을 만들 때 어느 부분을 찍을지 또 어느 부분을 찍지 않을지 판단하여 이를 디자인에 활용해보자.

스탬프를 만들어 사용하기

나는 수제 스탬프를 만들 때 보통 2가지 방법을 쓴다. 고무 조각 블록이나 폼 스탬프를 잘라서 만드는 것이다. 때문에 여기서 이 2가지 방법을 소개하겠다. 재료에 따라 만드는 과정은 달라질 수 있다.

작업하기 전에 챙겨야 할 것

물감이 작업대나 바닥에 묻지 않도록 깔개용 천을 깔아두자. 깔개용 천은 여러 번 사용할 수 있다. 또, 작업을 시작하기 전에 사용할 도구를 보기 좋게 정리해서 작업할 때 방해가 되지 않도록 하자. 그리고 무엇을 조각하거나 잘라낼 때는 항상 커팅 매트 위에서 하자.

디자인 베끼기

고무 조각 블록으로 베낄 때

고무블록을 조각해서 스탬프를 만든다면, 21.6×27.9cm(8.5×11인치)짜리 종잇조각에 도안을 베끼자. 부드러운 연필로 도안을 옮겨 그리면 된다. **(A)** 연필로 옮긴 부분이 고무 블록에 닿도록 중앙에 놓고 본 폴더로 종이 뒷면을 문질러 이미지가 블록에 옮겨지도록 한다. (본 폴더가 없다면 부드러운 나무 스푼이나 엄지손톱으로 문질러도 된다.) **(B)**

폼 스탬프로 베낄 때

도안을 폼에 베낀 다음, 그 모양대로 잘라내 스탬프를 만든다. 아주 단순한 디자인이라면 커터로 바로 모양을 잘라내는 방법도 있다. **(C)**

다른 방법도 있다. 먼저 잘라낸 도안을 테이프로 폼 위에 고정한다. 그다음, 부드러운 연필로 도안을 베끼면 폼 블록에 자국이 남는다. 다 베꼈다면 종이를 떼어내고, 나중에 스탬프를 찍을 때 젖은 수건으로 연필 자국을 닦아내면 된다.

스탬프 조각하기

고무 조각 블록으로 조각할 때

고무 블록을 깎아서 스탬프를 만들 때는 2가지 방법이 있다. 섬세한 디자인이라면 리놀륨 조각칼을 쓰고, 간단한 디자인이라면 커터를 쓴다. 디자인을 옮긴 후에는 커터로 디자인 주변을 잘라내 정리한다.

주의해야 할 점은 디자인에 맞는 리놀륨 조각칼을 쓰는 것이다. 섬세한 표현에는 V자형 칼날이, 형태를 잡거나 넓은 면을 잘라낼 때는 U자형 칼날이 알맞다. 조각칼을 잡을 때는 칼날이 위로 향하고 도구 끝부분이 손바닥에 놓이게 잡는다. 몸 쪽에서부터 바깥쪽 방향으로 조각칼에 압력을 고르게 주며 천천히 조각한다. **(D)** 디자인을 모두 베꼈다면 디자인 밖을 잘라내 양각을 만들고 커터로 나머지 부분을 정리한다. **(E)** 잘라낸 부분이 꽤 크다면 남겨둬서 다른 스탬프를 만들 때 쓸 수 있다.

폼 블록으로 조각할 때

커터로 폼 블록을 잘라내면서 원하는 형태로 만든다. 방법은 아주 간단하다. 선을 따라 디자인 주변을 위아래 톱질하는 동작으로 잘라내면 된다. 도안 종이를 조심스럽게 벗겨내고 블록이 떨어질 때까지 톱질하듯 계속해서 잘라낸다. **(F)** 폼 블록을 자를 때는 블록이 찢어지거나 가장자리가 들쭉날쭉하지 않도록 날카로운 새 칼날을 쓰는 것이 특히 중요하다.

명심할 점은 스탬프에 어떤 것을 조각하든 물감을 묻혀 찍으면 반대로 나온다는 점이다. 도형이라면 '정해진' 정면이 없으니

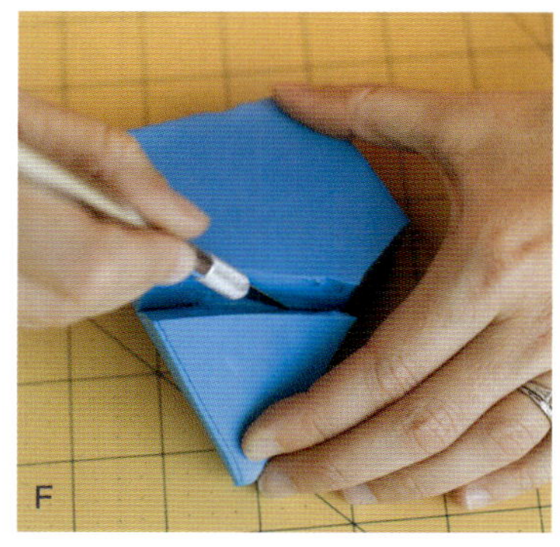

방향은 그다지 중요하지 않다. 이 책에 나온 디자인 중에 특정한 방향으로 만들어야 하는 것은 없다. 하지만 글자, 숫자 등 분명한 방향이 있는 디자인이라면 뒤집어 찍었을 때 올바른 방향이 되도록 작업할 때 신경 쓰자.

연습 또 연습

스탬프를 잘 찍으려면 원하는 소재에 먼저 연습해봐야 한다. 연습만 잘한다면 다양한 소재에 스탬프를 잘 찍을 수 있다. 캔버스 외의 천은 연습하기 전에 세탁해서 건조하고 다려놓아야 한다. (미리 세탁해놓지 않으면 캔버스에 연습하는 게 낫다.) 세라믹에 찍어볼 때는 먼저 젖은 천으로 표면의 먼지를 닦고, 그다음 약솜에 소독용 알코올을 묻혀 닦아낸다. 그리고 연습하기 전에 완전히 말린다. 연습 삼아 찍다 보면 실제로 작업할 때 스탬프에 잉크가 고르게 묻어 쓰기 편하다. 찍히는 부분에 잉크가 고르게 묻어, 결과물도 잘 나온다.

또 연습해야 할 것이 적당한 압력을 줘서 스탬프를 찍는 방법이다. 작은 스탬프일수록 압력을 더 가해야 한다. 반면, 작은 스탬프라도 나무나 아크릴 손잡이가 붙은 거라면 중간 정도 압력을 가한다. 이보다 좀 더 크고 형태가 단순한 수제 스탬프라면, 손바닥으로 약간 세게 누르면 결과물이 고르게 나온다. 너무 세게 누르면 잘못 찍히거나 잉크가 번지고, 또 너무 약하게 누르면 스탬프가 소재에 완전히 닿지 않아 덜 찍히고 색깔도 희미하다.

연습하는 방법은 병에 든 물감을 사용하느냐, 잉크 패드를 사용하느냐에 따라 약간 다르다.

물감으로 연습하기

물감을 동전 크기만큼 덜어 물감을 섞을 곳(예를 들면 14페이지의 아크릴 시트) 위에 놓는다. 그다음 브레이어에 물감을 조금 바르고 깨끗한 소재에 브레이어를 앞뒤로 천천히 굴리면서 물감을 고르게 편다. (G) 이렇게 하면 물감이 브레이어 표면에 고르게 펴지고 고정된다. 물감이 더 필요하면 물감을 좀 더 묻히면 된다. 브레이어 표면에 물감이 고르게 덮이면 스탬프에 브레이어를 여러 번 굴려 물감을 바른다.

그다음, 스탬프를 뒤집어서 연습 재료(본 작업에서 쓰는 천이나 종이의 자투리)에 천천히 내려놓는다. 손바닥으로 스탬프 표면 전체에 고르게 압력을 가한다. 스탬프를 수직으로 들어 올려 물감이 묻은 부분이 위로 오게끔 한쪽에 둔다. 결과물이 너무 희미하면 스탬프에 잉크를 좀 더 바르거나 약간 세게 눌러보자. (H) 스탬프 주변에 물감이 번졌다면 물감을 너무 많이 발랐거나 너무 세게 누른 것이다. 이럴 경우 스탬프를 헹궈서 말린 후 고르고 일관된 결과물이 나올 때까지 계속 연습한다.

잉크 패드로 연습하기

먼저 잉크가 고르게 발릴 때까지 잉크 패드에 스탬프를 여러 번 누른다. (I) 스탬프를 돌려서 연습할 재료 위에 잉크 묻은 쪽이 내려오도록 놓는다. 정확한 결과를 얻으려면 실제 작업에 쓸 재료의 자투리를 사용하는 것이 가장 좋다. 손바닥으로 스탬프 뒷면을 누르고 몇 초 동안 그대로 둔다. 그다음, 스탬프를 수직으로 들어 올리고 결과물을 살펴본다. 희미하게 찍혔다면 스탬프에 잉크를 좀 더 바르거나 찍을 때 약간 세게 눌러보자. 스탬프 주변에 물감이 흘렀다면 물감을 적게 발라보자. 적당한 잉크 양과 압력을 찾을 때까지 계속해서 잉크를 바르고 찍어본다. (J)

실전 돌입!

이 장에 나오는 작품들을 만들 때는 방금 여러분이 읽은 내용을 자주 사용하게 될 것이다. 더 구체적인 정보가 필요하다면 각 작품의 설명을 참고하면 된다. 여러 색깔을 쓰거나 정해진 디자인이 있다면(51페이지의 어디서나 어울리는 테라코타 화분처럼), 색깔별, 디자인별로 스탬프를 장만하면 작업하기 편하다.

청소와 정리

깨끗하게 닦고 잘 보관하면 수제 스탬프를 오랫동안 사용할 수 있다. 내 경우, 대학 시절에 만들어서 아직도 쓰고 있는 스탬프가 있다. 사용한 후에는 폼 스탬프를 젖은 천으로 잘 닦아놓자. 수성물감이라면 젖은 천으로 닦아내고, 유성물감이라면 아세톤(매니큐어 제거용)으로 닦는다. 그다음, 반드시 완전히 말려서 보관한다.

모든 잉크 패드와 물감 병은 뚜껑을 잘 닫아서 마르지 않도록 한다. 공예용 아크릴 물감을 썼을 때는 작업이 끝나면 스탬프, 브레이어, 롤러 표면을 바로 온수로 닦아낸다. 그대로 두면 말라서 나중에 물감을 제거하기 힘들다.

도안 보관하기

스텐실 장에서 나는 스텐실과 도안을 폴더로 정리하여 나중에도 쓸 수 있도록 보관할 것을 권한다(63페이지). 스탬프도 마찬가지다. 잘라낸 도안이나 스탬프용으로 베낀 도안도 같은 방식으로 보관해놓자. 영감은 언제든 떠오를 수 있기 때문에 도안을 갖고 있으면 아이디어를 좀 더 빠르게 낼 수 있을 것이다. 또는 스탬프가 손상되는 등 스탬프를 다시 조각해야 할 때 보관해둔 것으로 시간을 절약할 수 있다.

스탬프를 잘하는 팁

스탬프를 할 때는 재밌고 스트레스가 없어야 한다. 여러분이 원하는 결과물이 나올 수 있게 도움이 될 만한 몇 가지 팁을 소개한다.

- 폼 블록은 구멍이 많아서 잉크가 많이 묻기 때문에 스탬프를 할 때 너무 세게 누르지 않도록 한다.
- 폼 블록을 조각할 때는 커터의 칼날이 날카로워야 한다. 칼날이 무디면 폼의 가장자리가 들쭉날쭉해진다. 칼날을 새것으로 교체하면 좀 나아질 것이다.
- 수제 스탬프를 쓸 때 연습해보면 다듬어야 할 부분이 있는지 파악할 수 있다. 다듬어야 할 부분이 있다면 작업하기 전에 먼저 젖은 천으로 스탬프를 깨끗이 닦는다.
- 스탬프를 만들고 남은 재료는 다른 디자인에 사용할 수 있도록 보관한다.
- 부담스럽지 않은 가격으로 최대한 좋은 조각칼 세트를 구입하도록 한다. 도구가 좋을수록 결과물도 잘 나온다. 도구가 안 좋으면 작업하기 어렵고 재료도 상할뿐더러 절망만 늘 것이다.
- 물감이나 잉크를 사기 전에 색깔이나 불투명도를 알아보기 위해 쓰던 물건을 갖고 매장에 가보는 방법도 있다.

이처럼 다양한 소재에 스탬프를 찍을 수 있다. 위 중앙에서부터 시계방향으로 크라프트지(표백하지 않은 크라프트 펄프로 만든 갈색 종이–옮긴이) 실크, 스웨이드 suede (새끼 양이나 새끼 소의 가죽을 보풀려 만든 가죽이나 그것을 모방하여 만든 직물–옮긴이), 리넨, 프린트된 퀼터 코튼 quilter's cotton , 캔버스.

도넛 리넨 앞치마

단순한 디자인으로 아주 매력적인 패턴을 만들 수 있다. 반투명 잉크를 사용해서
마치 리넨에 패턴을 직접 짜서 넣은 것처럼 보이게 했다. 천연 리넨 위에 부드러운
파란색을 매치했더니 편안해 보이면서도 멋진 앞치마가 탄생했다.

스탬프 재료　10.2×14cm(4×5.5인치)짜리 고무 조각 블록

준비물

리넨 앞치마

천에 사용할 수 있는 색깔별 영구 잉크 패드 [나는 옐로 아울 워크숍(Yellow Owl Workshop)의 파란색 패드를 사용했다.]

최소 20.3×20.3cm(8×8인치) 크기의 리넨 또는 천 자투리

다리미

스탬프 키트(20페이지 참조)

135페이지의 스탬프 도안

메모: 이 스탬프 도안은 코튼이나 캔버스로 앞치마를 만들 때도 쓰면 좋지만, 리넨에 쓰면 사랑스럽고 수채화 같은 느낌이 난다. 그래서 나는 리넨 소재를 즐겨 쓰는 편이다.

A. 스탬프를 조각한다.

B. 스탬프에 물감을 묻히고
왼쪽에서 오른쪽으로 찍는다.

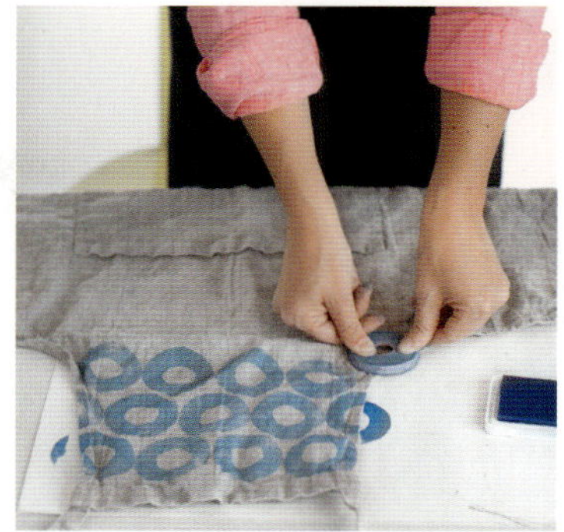

C. 각 열이 서로 어긋나게 한다.

작업 준비

1. 앞치마를 빨고 말린 다음, 최고 온도로 스팀다림질해서 주름을 편다.

2. 고무 조각 블록(22페이지 참조)에 도안을 옮긴다. 커터로 디자인 주변을 자르고 원 안쪽도 잘라 내 도넛 형태를 만든다. 남은 고무 블록은 다른 작업에 쓸 수 있도록 보관한다. **(A)**

3. 스탬프를 찍는 게 익숙해지고 색깔이 고르게 나올 때까지 천 자투리에 연습한다. (23페이지 참조)

패턴 넣고 마무리하기

4. 작업대에 앞치마를 평평하게 놓는다. 그러면 앞치마 몸통에 붙은 허리끈이 밑으로 깔리는데, 작업에 방해가 되지 않도록 허리끈을 정리하자.

5. 스탬프에 잉크를 묻히고 앞치마의 왼쪽 위 구석부터 왼쪽에서 오른쪽 방향으로 스탬프를 찍고 누른다. 스탬프에 잉크를 묻혀가며 이 과정을 반복한다. 원들을 서로 닿을 정도로 가깝게 찍는다. **(B)**

6. 열이 분명히 드러나도록 찍지 말고, 패턴이 앞치마 전체에 깔리도록 두 번째 열부터 어긋나게 찍는다. 앞치마 가장자리는 조심하면서 찍고, 종이를 밑에 깔아서 묻어난 잉크가 흡수되도록 한다. **(C)** 앞치마 전체에 패턴이 덮일 때까지 이 과정을 반복한다.

7. 앞치마 전체에 스탬프를 다 찍었다면 잉크가 마르도록 두고, 제품 설명서에 따라 잉크를 열처리한다.

힌트: 옷의 주머니나 쌈솔 또는 단 같은 부분에 스탬프를 찍을 때는 천의 겹친 부분에 잉크가 묻을 수 있다. 이런 부분에 스탬프를 찍을 때는 손가락 끝으로 눌러가며 작업한다.

바다를 품은 비치 타월

비치 타월은 어떤 색깔을 쓰든 보기 좋은 결과물이 나오고, 여름에 재밌게 작업할 수 있다. 비치 타월은 아무래도 크기가 클수록 좋기 때문에 스탬프용으로 엑스트라라지 사이즈의 테리클로스Terry Cloth 타월을 추천한다. 소재의 질감이 느껴지면서도 밋밋한 타월을 선택해야 깔끔하고 고른 결과물이 나온다.

스탬프 재료 폼 스탬프: 7.6×10.2cm(3×4인치)짜리 폼 블록 2개

준비물

테리클로스 비치 타월 흰색(나는 타월 4개를 작업했다.)

텍스타일 물감에서 2가지 색깔[나는 자카드(Jacquard) 텍스타일 컬러(Textile Color)의 스카이 블루(Sky Blue) 물감 2병, 하얀색 물감 1병을 사용했다.]

3.8cm(1.5인치) 브레이어 2개

연습용으로 핸드 타월 1개

다리미

스탬프 키트(20페이지 참조)

139페이지의 스탬프 도안

작업 준비

1. 세탁기로 타월을 빨고 말린다.

2. 폼 블록에 커터로 139페이지의 도안을 베낀다. 그러면 부드러운 폼에 자국이 남는다. 잘라진 종이 도안은 다른 작품에서 쓸 수 있도록 따로 보관한다. **(A)**

3. 커터로 위아래 톱질하듯 폼 블록을 요리조리 디자인대로 잘라낸다. 두 번째 폼 블록도 마찬가지로 2단계와 3단계를 반복한다. 똑같은 스탬프 2개를 만들면 된다.

4. 여기서 나는 2가지 파란색을 썼는데, 하나는 물감 그대로 다른 하나는 하얀색 물감과 혼합해서 썼다. 텍스타일 물감 병을 잘 흔들고 하얀색 텍스타일 물감을 플라스틱 컵에 몇 스푼 담은 후에 원하는 밝은 파랑이 나올 때까지 파란색 물감을 한 스푼씩 넣었다. 이렇게 파란색 물감 3스푼, 하얀색 물감 1스푼 정도를 썼다. 물감을 잘 섞어서 찍었을 때 하얀 줄무늬가 생기지 않도록 하자.

5. 23페이지에 설명한 대로 핸드 타월에 연습해본다. 연습할 천에 고르게 닿도록 스탬프를 천천히 놓는다. 그다음, 스탬프 뒷면을 손바닥으로 눌러서 스탬프 전체에 압력이 고르게 가해지도록 한다. 고른 결과물이 나올 때까지 계속 연습하자.

6. 원하는 결과가 나왔다면 폼 스탬프에 브레이어로 다른 색깔을 발라 이 과정을 반복한다.

A. 스탬프를 조각한다.

B. 타월 가로 방향으로 스탬프를 찍는다.

C. 다른 색깔도 써본다.

패턴 넣고 마무리하기

7. 작업대에 타월을 평평하게 깔고 주름을 편 뒤, 왼쪽에서 오른쪽 방향으로 스탬프를 찍는다. 어두운 파란색 잉크로 타월의 왼쪽 위 구석에서부터 찍는데, 타월 위쪽과 옆쪽 가장자리에서 2.5cm(1인치) 정도 띄우고 스탬프를 찍는다. 그다음, 스탬프를 수직으로 들어 올려서 옆에 둔다.

8. 두 번째 스탬프에는 밝은 파란색 물감을 바르고 첫 번째 스탬프에서 2.5cm(1인치) 정도 띄우고 스탬프를 찍는다. 색깔을 교대로 바꿔가면서 타월 가로 방향으로 계속 찍어낸다. (B)

9. 각 열마다 색깔 순서를 바꿔가며 찍으면 마치 체스판처럼 보인다. 타월 전체를 채울 때까지 색깔을 바꾸며 스탬프를 찍는다. (C)

10. 나머지 타월에 7~9단계를 반복한다.

11. 제품 설명서에 따라 잉크를 열처리한다.

NARS
PASSPORT
Smith's
ROSEBUD SALVE

멋스런 지퍼 파우치

스웨이드 백에 스탬프를 넣어 세련미와 기능성을 고루 갖춘 파우치를 만들었다. 나는 좀 크게 만들었지만, 여러분은 용도에 따라 크기를 다르게 하면 된다. 개인적으로 이 장밋빛 빨간 가죽이 마음에 들어서 여기에 작업해보고 싶었다.

스탬프 재료　7.6×10.2cm(3×4인치)짜리 고무 조각 블록

준비물

33×20.3cm(13×8인치)짜리 얇은 가죽 2개와 연습용 가죽 자투리

가죽에 쓸 수 있는 색깔별 영구 잉크 패드 [나는 스타즈온(StazOn)의 제트 블랙(Jet Black) 컬러 패드를 사용했다.]

실과 가죽용 바늘 등 재봉틀과 관련 용품

6mm(0.25인치) 너비의 양면 투명 바느질 테이프

30.5cm(12인치) 길이의 브라스 brass(놋쇠) 지퍼

스탬프 키트(20페이지 참조)

135페이지의 스탬프 도안

메모: 천 같이 느껴질 정도로 아주 얇은 가죽이어야 한다. 가죽 매장이나 대형 천 매장에서 유연하고 바느질하기 쉬운 스웨이드를 구할 수 있을 것이다. 대개 하이드 hide 가죽으로 팔고 가장자리가 불규칙할 수 있다. 파우치 크기로 종이를 잘라 매장에 가져가서 크기를 재보면 좋다. 가죽 매장에는 가죽 자투리도 많이 있으니, 잘 살펴보면 쓸 만한 것을 아주 싸게 구할 수 있다.

작업 준비

1. 22페이지에 설명한 대로 고무 조각 블록에 도안을 옮긴다.

2. 커팅 매트에 블록을 놓고 자와 커터로 고무 블록에서 도안을 잘라내 가운데 부분만 남긴다. 그 다음, V자형 리놀륨 조각칼로 조심스럽게 도안 가운데 부분을 정사각형 모양으로 깔끔하게 잘 라낸다. (조각한 것을 수정해야 한다면 22페이지를 참고하자. 항상 여러분 몸 쪽에서부터 바깥쪽으로 조각해 나가도록 한다.)

3. 23페이지에 설명한 대로 연습해본다. 여기서는 먼저 종이에 찍어서 원하는 모양대로 나오는 지 확인하고, 그다음에 스웨이드 자투리에 찍어본다. 적당한 잉크 비율과 압력을 찾을 때까지 계속 연습한다.

패턴 넣기

4. 각 가죽을 33×20.3cm(13×8인치) 크기로 자른다. 스웨이드 왼쪽 위 가장자리에 가깝게 스탬프 를 두고 왼쪽에서 오른쪽으로 2.5cm(1인치) 간격을 두고 스탬프를 찍는다. 마지막 스탬프가 스 웨이드 가장자리를 넘어갈 경우, 종이를 밑에 깔아서 잉크가 흡수되도록 한다. 이 방법으로 패 턴이 이어진 듯한 느낌을 줄 수 있다.

A. 패턴 열이 엇갈리도록 스탬프를 찍는 것이 포인트.

5. 두 번째 열은 첫 번째 열과 어긋나게 해서 가죽 가장 자리에 스탬프를 완전한 모양으로 찍는다. 그다음, 2.5cm(1인치) 정도 간격을 두고 왼쪽에서 오른쪽으로 패 턴이 첫 번째 열과 서로 엇갈리도록 스탬프를 찍는다. 첫 번째 면이 마르면 두 번째 면 작업을 시작해서 스웨 이드 2개에 모두 패턴을 넣는다. **(A)**

마무리

6. 가죽을 뒤집어 스탬프가 찍히지 않은 면이 위로 오도록 한다. 긴 쪽의 가장자리를 따라 바느질 테이프를 붙인다. 그다음, 8mm(0.33인치) 정도 가죽을 접어 손가락으로 눌러 고정한다. 두 번째 가죽도 같은 방법으로 바느질 테이프를 붙인다.

7. 가죽에 핀을 꽂으면 구멍이 나기 때문에 이 테이프가 지퍼를 고정하는 역할을 한다. 지퍼를 바 느질할 때 테이프 뒷면 종이를 벗겨내는 것이 좋다. **(B)**

B. 접힌 부분에 바느질 테이프를 붙인다.   C. 지퍼를 바느질한다.

8. 재봉틀에 가죽용 바늘을 꽂고 노루발(재봉틀에서 바늘이 오르내릴 때 천을 눌러주는 역할을 하는 도구-옮긴이)을 지퍼용으로 바꾼다. 작업대 위에 지퍼의 윗부분을 위로 하여 평평하게 놓는다. 바느질 테이프의 뒷면을 벗기고 지퍼 이빨 부분에서 3mm(0.12인치) 옆 지퍼 띠에 가죽을 놓는다. 손가락으로 눌러서 자리를 잡는다.

9. 재봉틀 바늘을 움직여서 가죽의 접힌 부분 가까이에 놓은 다음, 위에서 아래로 지퍼를 바느질한다. 최대한 접힌 부분 가까이 바느질하고, 아랫부분에서 박음질하여 지퍼를 고정한다.

10. 지퍼를 180도 돌려서 8단계와 동일하게 지퍼 띠에 두 번째 가죽을 댄다. 접힌 부분에 가까이 바느질할 수 있도록 필요에 따라 지퍼 윗부분을 밀어가며 지퍼 옆을 바느질한다. (C)

11. 지퍼를 반 정도 열고 스탬프가 찍힌 면 쪽으로 파우치를 반으로 접는다. 지퍼용 노루발을 일반용으로 바꾸고 바늘을 다시 중앙으로 옮긴다. 손가락 끝으로 가죽들을 잡으면서 1.3cm(0.5인치) 너비로 솔기를 만든다. 그리고 파우치 주변을 천천히 바느질한다. (스웨이드는 미끄럽지 않아서 천천히 하면 별문제 없을 것이다.) 지퍼의 이빨 부분에 바느질하지 않도록 조심한다. 잘못 하면 바늘이 부러진다.

12. 모든 면을 다 바느질한 후 지퍼를 완전히 연다. (원하면 백 안쪽에 안감을 대도 좋다.) 지퍼 반대쪽 가장자리를 접어서 솔기 줄을 따라 삼각형 모양으로 세울 수 있게끔 만든다. 그리고 삼각형 꼭짓점마다 2.5cm(1인치) 정도 가로로 선을 그어서 그만큼 바느질한다. 반대쪽도 삼각형을 만들어 이와 같은 과정을 반복한다.

13. 파우치를 완전히 뒤집고 지퍼를 닫는다. 스웨이드를 6mm×15.2cm(0.25×6인치)만큼 잘라 지퍼 끝에 달 장식 술을 만든다.

That's the Way
SOL LEWITT A

간단하게 만드는
인테리어 쿠션

선명한 색깔의 패턴이 들어간 쿠션으로 방의 분위기를 금방 바꿔보자. 이렇게 뚜껑을 덮는 모양의 쿠션은 오후에 짬을 내 쉽게 만들 수 있다. 물론 직접 바느질해서 만드는 것보다 무지 쿠션을 사서 패턴을 넣으면 더 빨리 만들 수 있다.

스탬프 재료　폼 스탬프: 7.6×10.2cm(3×4인치) 폼 블록 2개

준비물

최소 1.1×1.1m(44×44인치) 넓이의 천연 리넨 91.5cm(1야드)

아크릴 물감[나는 마사 스튜어트의 멀티 서피스 새틴 아크릴 크라프트 물감에서 제라늄(Geranium), 비틀 블랙(Beetle Black), 러버 더키(Rubber Ducky), 다이빙 보드(Diving Board) 색깔을 썼다.]

3.8cm(1.5인치) 브레이어

뒷면용 코튼 천 91.5×91.5cm(1×1야드)

쿠션 속 2개[40.6×66cm(16×26인치), 50.8×50.8cm(20×20인치)]

재봉틀과 실 등 관련 용품

다리미

스탬프 키트(20페이지 참조)

138페이지의 스탬프 도안

메모: 이만큼의 천으로 쿠션 커버 2개를 만들 수 있을 뿐 아니라, 남는 자투리 천으로 연습해볼 수 있다. 물론 여러분이 원하는 크기대로 쿠션을 만들어도 좋다. 나는 쿠션 뒷면에 앞면과 색깔과 패턴을 다르게 넣는 걸 좋아해서 그렇게 만들었다.

작업 준비

1. 세탁한 리넨을 43.2×68.6cm(17×27인치)와 53.3×53.3cm(21×21인치) 크기로 각각 자른다. 이 것이 직사각형 쿠션과 정사각형 쿠션의 앞면이 된다. 연습용 자투리 천도 준비해 놓는다.

2. 코튼 천을 직사각형 쿠션 뒷면용으로 43.2×48.3cm(17×19인치)짜리 2개, 정사각형 쿠션 뒷면 용으로 53.3×38.1cm(21×15인치)짜리 2개로 자른다. 긴 천으로 짧은 천 위를 덮으면 닫히는 형 태가 된다.

3. 138페이지의 도안을 흰 종이에 옮겨서 사다리꼴로 자른다. 폼 블록 위에 도안을 테이프로 붙 이고 연필이나 커터로 가장자리를 베껴서 폼 블록에 자국을 남긴다. 종이 도안은 떼어내서 다 른 작품에 쓸 수 있도록 보관해놓는다.

4. 커터를 이용하여 톱질하듯 표시된 선을 따라 폼을 잘라낸다. 조심스럽게 폼을 털어내고 남은 폼이 블록에서 떨어질 때까지 계속 톱질한다.

5. 본 작업에 앞서 연습해본다. 스탬프가 고르게 찍힐 때까지 계속 연습하자. 폼 블록으로 만든 스 탬프는 굳이 세게 누를 필요가 없다. 구멍이 많아서 안료를 잘 흡수하기 때문에 몇 번 연습하고 나면 그다지 세게 누르지 않아도 결과물이 잘 나올 것이다.

A. 왼쪽에서 오른쪽으로 스탬프를 찍는다.　　B. 각 열마다 스탬프를 돌려 찍는다.　　C. 쿠션 속을 넣는다.

패턴 넣기

6. 왼쪽에서 오른쪽으로 천을 가로지르면서 스탬프를 찍는다. 스탬프에 물감을 묻히고 가장자리 에서 2.5cm(1인치) 정도 띄운 다음 천의 왼쪽 위 구석부터 스탬프를 찍으면 된다. 이때 리넨의 가로 선과 사다리꼴의 직선이 평행하게끔 줄을 맞춰야 한다. 스탬프를 찍고 나면 들어 올려 스 탬프에 물감을 묻힌다. 앞서 찍은 스탬프 바로 옆에 바짝 다음 스탬프를 찍어서 스탬프의 가장 자리가 서로 닿게끔 하는 것이 포인트다. 이러한 방식으로 스탬프를 이어서 찍으면 된다. (A)

7. 첫 번째 열 다음 열은 스탬프를 180도 돌려서 위아래가 뒤집힌 형태로 찍는다. 2.5cm(1인치) 간격으로 6단계에서처럼 줄을 맞춰 스탬프를 찍으면 된다. 각 열마다 스탬프를 돌려가며 리넨 전체에 패턴이 가득 찰 때까지 찍는다. (사다리꼴의 짧은 쪽을 위로 하고 싶다면 이와 반대 방향으로 찍으면 된다. 38페이지 구석에 있는 아쿠아 색 쿠션은 이런 방식으로 만들었다.) **(B)**

8. 물감이 완전히 마르게 둔 다음, 제품 설명서에 따라 물감을 열처리한다.

마무리

9. 뒷면용 천의 가장자리를 각각 바느질한다. 직사각형 쿠션 뒷면용 천은 긴 쪽을, 정사각형 쿠션 뒷면용 천은 짧은 쪽을 바느질하면 된다. 1.3cm(0.5인치) 정도 접어서 누르고 다시 1.3cm(0.5인치) 접어서 누른 다음 각 가장자리를 바느질한다.

10. 앞면용 긴 천의 위아래에 뒷면용 천을 각각 이으면, 뒷면에서 두 천이 서로 겹쳐진다. 핀으로 천들을 고정하고, 1.3cm(0.5인치) 너비로 솔기를 만든다.

11. 쿠션을 뒤집어서 눌러 잘 펴지도록 하고 각 쿠션 뒷면의 덮이는 부분을 열어 쿠션 속을 집어 넣는다. **(C)**

> **힌트**: 쿠션 뒷면을 앞면과 다른 천으로 할 경우, 튀지 않는 색깔에 잔잔한 무늬가 들어간 천이 가장 좋다. 작은 물방울무늬, 체크, 꽃무늬 천이 대담한 디자인과 잘 어울린다. 나는 여기서 흑백으로 촘촘한 물방울무늬가 들어간 천을 썼다.

꽃을 그려 넣은
쇼핑백

모슬린으로 만든 백은 튼튼하고 가볍고 게다가 바닥이 평평해서 곡물 등 어떤 것이든 담아두기에 좋다. 내가 이 책에서 제공한 6가지 꽃무늬 디자인을 선택해도 좋고, 여러분이 직접 디자인을 만들어도 좋다. 오후에 간단히 만들어보자.

스탬프 재료   30×30cm(11.75×11.75인치)짜리 고무 조각 블록

준비물

최소 1.1×1.1m(44×44인치) 넓이의 표백하지 않은 100% 면모슬린 1.8m(2야드)

천에 쓸 수 있는 색깔별 영구 잉크 패드(나는 옐로 아울 워크숍의 갈색, 초록색, 빨간색, 파란색, 오렌지색 패드를 썼다.)

면 끈 3.2m(3.5야드)

재봉틀과 실 등 관련 용품

다리미

스탬프 키트(20페이지 참조)

140페이지의 스탬프 도안

메모: 작은 백 2개[14×25.4cm(5.5×10인치)]와 큰 백 1개[22.9×34.3cm(9×13.5인치)], 총 3개의 쇼핑백을 만들 수 있는 양이다.

작업 준비

1. 도안을 옮겨 그린다. 디자인 전체가 조각 블록 안에 들어가야 해서 블록은 큰 것이 좋다. 주변을 깎아내면서 스탬프를 만든다. 스탬프의 외곽선이 될 꽃잎의 가장자리도 베껴야 한다. (A)

2. 작은 V자형 리놀륨 조각칼로 블록을 조각한다. 칼날이 위로 향하도록 조각칼을 잡고, 몸 쪽에서부터 바깥쪽 방향으로 조각칼에 압력을 고르게 주며 천천히 조각한다. 베낀 도안을 제외한 나머지 부분을 잘라내 양각을 만든다. 여러분이 원하는 디자인 개수만큼 이 단계를 반복하면 된다. (B)

3. 미리 세탁해놓은 모슬린으로 백에 들어가는 모든 천을 잘라낸다. 작은 백의 경우에는 31.8×38.1cm(12.5×15인치)짜리 직사각형 1개, 바닥으로 쓸 12.7cm(5인치) 지름의 동그라미 1개가 필요하다. 큰 백의 경우에는 40.6×55.9cm(16×22인치)짜리 직사각형 1개, 20.3cm(8인치) 지름의 동그라미 1개가 필요하다. 각 천을 다림질해서 스탬프를 찍을 준비를 하자.

4. 자투리 모슬린 천에 연습 삼아 스탬프를 찍어본다. (C)

A. 조각 블록에 도안을 옮긴다.   B. 스탬프를 조각한다.   C. 자투리 천에 연습해본다.

패턴 넣기

5. 왼쪽 위 구석에서부터 왼쪽에서 오른쪽으로 스탬프를 찍는다. 천 가장자리에 스탬프 가장자리를 놓고 연습한 대로 스탬프를 찍으면 된다. 천 전체에 패턴이 가득 찰 때까지 열을 맞춰 찍는 것이 포인트다.

6. 모든 천에 5단계를 반복한다. 동그라미 천도 잊지 말자! 잉크가 완전히 마른 후에 제품 설명서대로 잉크를 열처리한다.

 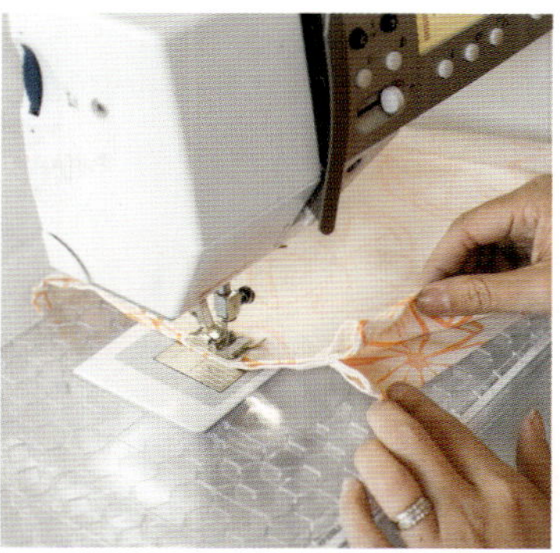 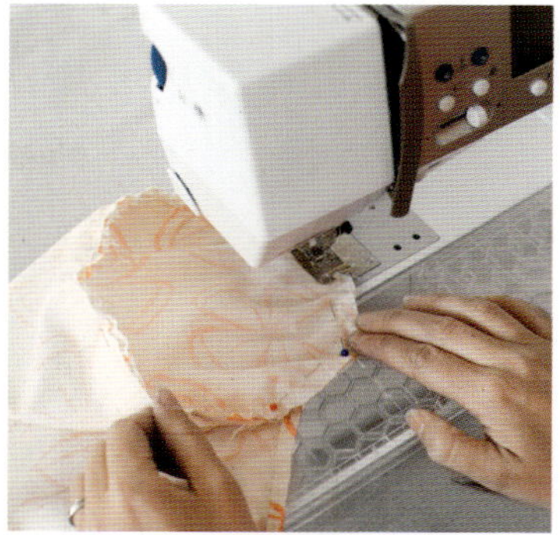

D. 동그라미 천 가장자리를 가봉한다.   E. 올바르게 포개어 같이 바느질한다.   F. 동그라미 천에 핀을 꽂고 붙인다.

마무리

7. 각 동그라미 천 가장자리에서 6mm(0.25인치) 안쪽으로 둘레를 따라 동그랗게 한 줄로 가봉한다. 실을 잡아당겨 동그라미 천에 살짝 주름을 잡는다. 나중에 천을 연결할 때 벌어지는 부분은 핀으로 고정하면 된다. (D)

8. 직사각형 천을 반으로 접고 입구 쪽을 따라 바느질하여 동그랗게 백의 모양을 잡는다. 그다음, 천의 짧은 쪽에 단을 넣는다. [작은 백은 31.8×31.8cm(12.5×12.5인치), 큰 백은 40.6×40.6cm(16×16인치)짜리 천을 사용한다.] 각각 안쪽으로 1.3cm(0.5인치)만큼 접고, 다시 1.3cm(0.5인치) 접은 다음, 접은 선을 따라 바느질한다.

9. 입구 쪽의 가장자리를 따라 끈이 지나갈 터널을 만든다. 2.5cm(1인치) 접어 누르고 다시 2.5cm(1인치) 접어 누른다. 그다음, 첫 번째 접은 선을 따라 바느질하여 터널을 만든다. 이 부분이 백의 윗부분이 된다.

10. 반으로 접어 바깥쪽을 맞대고 단의 가장자리를 맞춘다. 그다음, 핀을 꽂고 1.3cm(0.5인치) 너비로 솔기를 만든다. 터널에 가까이 바느질하되 구멍이 닫히지 않도록 한다. 박음질하여 솔기 부분을 고정한 다음 백을 뒤집는다. (E)

11. 동그라미 천에 핀을 꽂고 가봉한 부분을 필요에 따라 조정한다. 1.3cm(0.5인치) 너비로 솔기를 만들면서 동그라미 천과 직사각형 천을 연결한다. (F)

12. 면 끈 끝에 안전핀을 꽂아 터널을 통과시킨다. 양옆으로 15.2cm(6인치) 정도 끈이 여유롭게 남으면 된다. 끈을 자르고 끝을 매듭짓는다. 이후 백을 손세탁하여 말리면 끝.

> **힌트**: 연습을 하다 보면 스탬프를 다듬어야 할지 파악할 수 있다. 가끔 스탬프에 조각해야 할 부분을 까먹을 때가 있다. 수정할 때에는 먼저 스탬프 표면의 잉크를 부드럽게 닦아내자.

응용하기: 데이지가 들어간 토트백

이 캔버스 토트백을 만들면 여러분이 직접 손으로 만든 스탬프가 얼마나 활용도가 높은지 알 수 있을 것이다. 42페이지의 꽃을 그려 넣은 쇼핑백에서 사용했던 꽃무늬 스탬프를 이용해서 기본 무지 토트백에 경쾌한 느낌의 패턴을 넣었다. 무지 백은 공예용품점에서 싸게 구할 수 있다. 토트백은 장 보러 갈 때나 도서관에 갈 때 요긴하게 쓰인다. 아이들 물건을 담기에도 적당하다. 백에 물건을 담아서 차 안에 두면 필요한 것들을 언제든 쉽고 편리하게 꺼내 쓸 수 있다.

스탬프 재료   30×30cm(11.75×11.75인치)짜리 고무 조각 블록

준비물

무지 코튼 토트백

천에 쓸 수 있는 색깔별 영구 잉크 패드(나는 옐로 아울 워크숍의 빨간색 패드를 썼다.)

연습용 자투리 캔버스나 오래된 토트 천

다리미

스탬프 키트(20페이지 참조)

작업 준비

1. 캔버스나 토트 천을 다려서 모든 주름을 편다. 꽃을 그려 넣은 쇼핑백에 사용했던 스탬프를 준비하거나 44페이지의 1~2단계에 따라 새로운 디자인의 스탬프를 만든다.

2. 캔버스나 토트 천 자투리에 연습 삼아 스탬프를 찍어본다. 스탬프 뒷면에 화살표를 표시하고 방향을 바꿔가면서 스탬프를 찍어 본다. 그러면 패턴이 잘 어우러진다. **(A)**

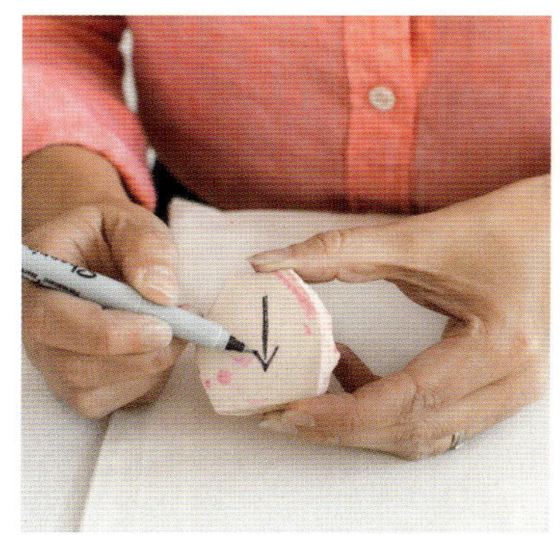

A. 스탬프에 방향을 표시한다.

B. 서로 엇갈리게 스탬프를 찍는다.

C. 천 전체에 스탬프를 찍고 잉크를 말린다.

패턴 넣고 마무리하기

3. 작업대에 토트백을 평평하게 깔고 주름을 편다. 스탬프에 잉크를 묻히고 왼쪽 위 구석에서부터 시작해서 서로 어긋나게 스탬프를 찍는다. 매번 스탬프를 돌려가며 찍는 것이 포인트. **(B)**

4. 토트백 전체를 채울 때까지 왼쪽에서 오른쪽으로 계속 스탬프를 찍는다. **(C)** 잉크가 마르도록 뒀다가 필요에 따라 백의 다른 면에도 스탬프를 넣는다. 잉크가 다 마르면 제품 설명서에 따라 잉크를 열처리한다.

정성 가득
포장지

정성 가득 포장지로 선물을 좀 더 의미 있게 만들어보자. 여기서 사용한 패턴은 꽤 단순해서 색깔과 형태를 다양하게 배치해보는 것을 추천한다. 또, 이 방법을 다양한 종이 소재에 응용하여 선물 포장 백, 카드, 파티 장식 등을 만들 수 있다. 아이들과 함께 뭔가 만들어보고 싶을 때도 안성맞춤이다. 아이가 자그마한 고사리 손으로 직접 스탬프를 찍어 만든 물건이라면 아무리 지저분해지더라도 정말 사랑스러울 것이다.

스탬프 재료   폼 스탬프: 7.6×10.2cm(3×4인치)짜리 폼 블록 4개

준비물

76.2cm×3m(30인치×10피트) 크기의 크라프트지 1롤

천에 쓸 수 있는 색깔별 영구 잉크 패드[나는 마사 스튜어트의 멀티 서피스 새틴 아크릴 크라프트 물감에서 제라늄, 아마란스(Amaranth), 스코티시 하이랜스(Scottish Highlands), 바닐라 빈(Vanilla Bean), 인디고(Indigo) 색깔을 썼다.]

3.8cm(1.5인치) 브레이어

스탬프 키트(20페이지 참조)

138페이지의 스탬프 도안

메모: 크라프트지는 우편물 포장지, 정육점 포장지 등 다양한 이름으로 판매된다. 76.2cm×3m(30인치×10피트)롤 1개로 76.2×61cm(30×24인치) 크기의 포장지 5장을 만들 수 있다.

작업 준비

1. 종이 롤을 76.2×61cm(30×24인치) 크기로 자른다. 종이가 말려도 괜찮다. 찍고 나면 물감의 물기로 종이가 평평해질 것이다.

2. 138페이지의 도안을 옮겨 그린 다음, 원하는 모양으로 자른다. 폼 블록 위에 각 도안을 테이프로 붙이고 커터로 가장자리를 베껴서 잘라내면 된다. (A)

3. 커터를 이용하여 톱질하듯 베낀 선을 따라 조심스럽게 폼을 잘라낸다. 폼을 털어내면서 필요 없는 부분이 완전히 떨어질 때까지 톱질을 계속한다. 2단계와 3단계를 반복하여 원하는 만큼 조각한다. 각각의 디자인마다 블록이 있어야 한다.

4. 만든 폼 블록으로 본 작업에 앞서 연습해본다. 필요에 따라 계속 연습한다.

A. 각 스탬프를 조각한다.

B. 종이를 고정한다.

C. 수직 방향으로 스탬프를 찍는다.

패턴 넣고 마무리하기

5. 종이의 네 모서리를 작업대에 테이프로 고정한다. 스탬프를 찍을 동안 종이가 평평해야 한다. (B)

6. 첫 번째 스탬프로 연습할 때 했던 것처럼 물감을 묻힌다. 각 줄마다 적어도 2.5cm(1인치) 정도 간격을 두고 종이 전체에 왼쪽에서 오른쪽으로 또는 위에서 아래로 스탬프를 찍는다. (48페이지의 사진대로 해보는 것도 좋다.) (C)

7. 다음 스탬프를 찍을 때도 5단계와 6단계를 반복한다. 물감을 바꿀 때마다 스탬프와 브레이어를 닦고 말려야 한다.

8. 종이를 평평히 놓고 말린다. 다 마르면 말아서 보관하거나 편 상태로 보관한다.

> **힌트**: 폼 블록은 잉크를 많이 흡수하기 때문에 종이에 두세 번 정도 더 찍을 수 있다.

어디서나 어울리는 테라코타 화분

아이디어만 있다면 평범한 테라코타 화분으로도 독특한 분위기를 손쉽게 연출할 수 있다. 어디서나 쓸 수 있는 아크릴 물감을 사용하면, 실내와 실외 모두에 화분을 놓을 수 있다.

스탬프 재료 폼 스탬프: 7.6×10.2cm(3×4인치)짜리 폼 블록 3개

준비물

다양한 크기의 테라코타 화분

아크릴 물감[나는 마사 스튜어트의 멀티 서피스 새틴 아크릴 크라프트 물감에서 아마란스, 포슬린 돌(Porcelain Doll), 치포틀(Chipotle), 바닐라 빈, 폰드(Pond), 인디고, 재패니스 메이플(Japanese Maple), 제라늄 색깔을 사용했다.]

3.8cm(1.5인치) 브레이어

스탬프 키트(20페이지 참조)

138페이지의 스탬프 도안

작업 준비

1. 약간 젖은 행주로 화분 표면의 때와 먼지를 닦고 마를 때까지 둔다.

2. 138페이지의 도안을 흰 종이에 옮기고, 종이를 잘라내 폼 블록 위에 테이프로 붙인다. 디자인마다 폼 블록으로 스탬프를 만들어놓으면, 재료를 가장 효율적으로 사용할 수 있다.

3. 형태 가장자리를 따라 연필로 도안을 옮겨서 부드러운 폼에 자국을 남긴다. 커터로 연필 선을 따라 조심스럽게 위아래로 톱질하듯 폼을 잘라낸다. 자를 대고 하면 깔끔하게 잘라낼 수 있다. 폼을 조심스럽게 벗겨내면서 폼이 완전히 분리될 때까지 톱질하는 동작을 계속한다. 2단계와 3단계를 반복하여 만들고 싶은 만큼 스탬프를 만든다. (A)

4. 오래된 화분에 연습해본다.

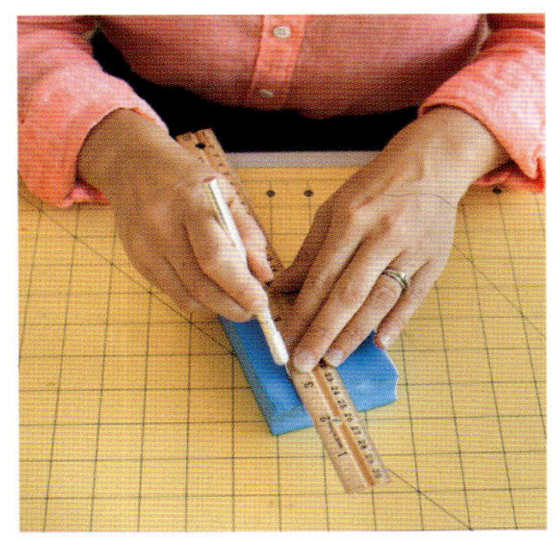

A. 스탬프를 자른다.

B. 패턴을 만든다.

C. 디자인을 겹쳐서 여러 색깔을 응용해본다.

패턴 넣고 마무리하기

5. 브레이어로 스탬프 표면에 잉크를 바르고 화분 위쪽 열린 부분 바로 아래부터 스탬프를 넣는
   다. 화분 위 가장자리부터 스탬프를 찍으면 아래로 내려갈수록 패턴을 고르게 배치할 수 있
   다. 화분의 곡선 부분을 찍을 때는 스탬프가 표면에 골고루 닿도록 화분을 살짝 흔들면서 찍
   는다. (B)

6. 패턴을 찍을 때마다 스탬프에 잉크를 바르는 게 포인트. 화분을 어떻게 꾸밀지는 아래 사진과
   51페이지의 사진을 참고하기 바란다. 물론 여러분이 원하는 대로 디자인을 겹치거나 색깔을
   다양하게 조합할 수 있다. (C)

7. 재료를 정리하고 물감이 완전히 마른 후에 화분을 옮기자.

> **힌트**: 나는 화분을 칠할 때 잘 휘어지는 폼 블록을 즐겨 쓴다. 폼 블록을 약간 휘면 화분
> 의 둥근 면에 스탬프를 고르게 찍을 수 있다.

스텐실

스텐실 기초 지식

스텐실은 다양한 경로로 구할 수 있다. 직접 손으로 만들어 써도 되고, 이미 만들어진 것을 사서 써도 된다. 또한, 스텐실을 통해 다양한 방법으로 물건을 꾸밀 수 있다. 스텐실 하나만 써서 마치 그림을 그려 넣은 것처럼 표현할 수 있고, 패턴처럼 여러 번 칠해서 여러분의 집과 옷을 꾸밀 수도 있다.

이 장에서는 풍성한 꽃무늬와 포크 아트folk art에서 아이디어를 얻은 패턴, 그리고 깔끔한 도형 디자인에 이르기까지 다양한 스텐실 활용법을 알아본다. 내 설명을 잘 따라서 하면 옷감, 세라믹, 가구에 이르기까지 여러분이 원하는 어떤 것이든 꾸밀 수 있을 것이다.

스텐실이란?

스텐실은 가장 오래되고, 가장 널리 쓰이는 디자인 도구 중 하나다. 여기에는 다 이유가 있다. 스텐실은 만들기 간단하고 쓰기도 편하다. 종이, 카드보드, 플라스틱 필름과 같이 불투수성 재료로 만드는 스텐실은 이 때문에 색을 칠하지 않을 부분에 물감이 닿지 않는다. 이러한 재료에 디자인할 부분을 그려 잘라내 스텐실을 만들고, 여기에 물감을 묻혀 찍는다. 스텐실은 뗐다 붙였다 할 수 있는 테이프로 표면에 고정하여 사용한다. 줄무늬나 격자무늬 같은 단순하고 깔끔한 패턴에서부터 정교한 디자인까지, 스텐실로 여러 가지 모양을 만들 수 있다.

나는 손으로 직접 독특한 디자인을 만들어 쓰기를 추천하지만, 꾸밀 물건에 따라 시중에서 스텐실을 구입해서 사용하는 것도 좋다. 예를 들어, 정확한 선이 들어간 패턴을 반복해서 넣을 경우, 보통 나는 미술용품점에 들러 제도 스텐실을 사는 편이다.

옛날 옛적부터 스텐실을 사용했다?

스텐실은 초기 구석기 시대에 사람들이 동굴 벽에 그림을 그릴 때부터 사용되어 왔다. 이집트에서는 스텐실로 무덤을 장식했고 폼페이에서는 벽을, 로마에서는 표지판을 장식했다.

여러 색깔로 만들어보자

스텐실을 쓰면 여러 색깔로 물건을 꾸미기 쉽다. 각 색깔마다 스텐실을 정해서 써도 좋고, 여러 스텐실을 다양하게 겹쳐서 각기 다른 물감을 칠해도 좋다. 또는 하나의 스텐실에 여러 색깔을 바꿔가며 쓰는 방법도 있는데, 이 장에서 나는 이 방법을 주로 썼다.

스텐실 재료와 도구

접착 스텐실 필름

접착 스텐실 필름은 잘 휘어지는 반투명 플라스틱으로, 롤 단위로 판매되며 뒷면에 떼어낼 수 있는 종이가 붙어 있다. 뒷면의 접착 성분은 물건을 고정할 수 있을 만큼 접착력이 강하면서도 재사용이 가능하다. 떼어내도 끈끈한 잔여물을 남기지 않는다. 또한 곡선이나 고르지 않은 표면에도 사용할 수 있어서, 74페이지의 램프 같이 입체적인 표면에 스텐실을 채워 넣을 때도 요긴하게 쓰인다.

스텐실 재료와 도구

1. 시트지 2. 접착 스텐실 필름 3. 투명 스텐실 4. 커터 5. 잘라낸 스텐실 6. 접착 스텐실 필름의 종이 뒷면

접착 스텐실 필름은 반투명이라서 색깔이나 이미지를 겹쳐서 스텐실을 칠할 때 쓰기 알맞다. 필름 밑이 보이고, 또 종이 뒷면에 격자무늬가 있어서 이미지를 배치하기 편하다. 게다가 커터나 가위로 필름이 잘 잘라진다. 나는 공예품 가게서 파는 마사 스튜어트 접착 스텐실 필름으로 좋은 작품을 만들었다. 보통 1롤은 폭 27.9cm(11인치)에 길이는 2.7m(3야드)다.

투명 스텐실

중간 정도 무게의 투명한 플라스틱 필름으로, 스텐실에서 잘 쓰이는 재료 중 하나다. [미술용품점에서 마일러(Mylar)라는 브랜드명으로 판매하기도 한다.] 하지만 접착 스텐실 필름과 달리 잘 휘어지지 않기 때문에 평평한 표면에 가장 알맞다. 작업할 때는 필요에 따라 뗐다 붙일 수 있도록 접착 스프레이로 필름을 표면에 고정하며 쓰는 것이 좋다.

투명 스텐실은 투명해서 도안을 베끼기 좋다. 나는 밝은 표면에 스텐실을 작업할 때, 이와 대조되는 파란색의 투명 필름을 즐겨 쓴다. 내가 좋아하는 제품은 그라픽스 블루 스텐실 필름 Grafix Blue Stencil Film 으로 22.9×30.5cm(9×12인치) 크기로 판매된다. 패키지 1개에 총 4장이 들어 있다. 미술용품점에서 대부분 판매하며, 인터넷으로도 살 수 있다. 큰 규모의 작업을 할 예정이라면, 마일러 브랜드에서 큰 투명 스텐실을 판매하니 알아두자.

투명 스텐실은 다른 제품보다 두껍고 튼튼해서 잘 찢어지지 않는다. 게다가 물감을 닦아내기도 편하며 다른 작업을 할 때 재사용할 수 있다. 뻣뻣하지만, 커터로 잘 잘라진다.

다른 스텐실 재료들

스텐실로 사용할 수 있는 또 다른 재료로는 시트지(77페이지의 '깔끔하게 꾸민 사이드 체어'에 사용한 것)와 아티스트 테이프(90페이지의 '줄무늬 수납 바구니'에 멋스럽게 사용한 것)가 있다.

물감과 안료

이 장에 나오는 대부분의 작품에서 나는 어디서나 쓸 수 있는 아크릴 물감을 썼다. 자세한 설명을 원한다면 14페이지를 참고하길.

텍스타일 물감은 천에 사용하기 알맞은 성질을 갖고 있다. 또, 말라도 뻣뻣해지지 않기 때문에 천의 부드러운 상태가 그대로 유지된다. 집에서 주로 쓰는 천이나 직물 제품에 작업할 때 특히 눈여겨봐야 할 점이다. 13페이지에서 텍스타일 물감에 대한 자세한 내용을 한 번 더 읽어보자.

뗐다 붙였다 할 수 있는 접착 스프레이

접착 스프레이는 표면을 고정하거나 물감을 바를 때 가장자리가 들뜨지 않게 하는 용도로, 주로 투명 스텐실 뒷면에 뿌려서 쓴다. 접착 스프레이를 쓰면 안료가 스텐실 아래로 흘러내리지 않는다. 또한, 작업물 표면이 끈적이지 않으면서 잘 고정된다.

아티스트 전사지

아티스트 전사지는 21.6×27.9cm(8.5×11인치) 크기로 판매된다. 이 장에서 자주 쓰게 될 '뗐다 붙이는' 스텐실 필름에 도안을 옮겨 그릴 때 사용한다. 전사지는 재사용할 수 있고, 쓰지 않을 땐 접어서 보관하면 된다. 직접 스텐실을 디자인하고 싶다면, 여러분의 작품을 전사지를 통해 옮겨 그리면 된다.

스텐실 붓

평소에 다양한 붓을 갖고 있으면 좋다. 스텐실 붓은 보통 끝이 둥글고 평평하며, 뻣뻣한 천연섬유 털로 되어 있다. 또, 그림붓과는 다르게 표면을 톡톡 쳐서 사용한다. 62페이지에 나오는 스티플 stipple 이라 불리는 방법으로, 물감을 톡톡 두드리며 스텐실을 만든다. 이 방법으로 디자인 가장자리 아래로 물감이 흐르지 않고 깔끔하게 작업할 수 있다.

스텐실 붓은 비싸지 않고 소, 중, 대형의 붓 3개를 한 세트로 팔기도 한다. 스텐실보다 넓은 붓을 사용해야 가장자리가 흐트러지지 않는다. 지름이 1.3cm(0.5인치)인 붓이 가장 쓸모 있는 것 같다. 스텐실 붓은 물로 씻을 수 있고 여러 작업에 재사용할 수 있다. 또, 질감이 있는 표면에 안료를 충분히 묻힐 수 있기 때문에 큰 규모의 작업, 특히 캔버스나 거칠게 짜인 재료에 사용하면 좋다. 미술공예용품점에서 스텐실 붓을 쉽게 구할 수 있다.

스텐실 재료와 도구

1. 아크릴 물감 2. 스텐실 붓 3. 폼 도버 dauber (원가를 칠할 때 쓰는 솔-옮긴이) 4. 아크릴 아티스트 팔레트 5. 플라스틱 스푼과 컵 6. 스텐실이 찍힌 코튼

1
2
3
4
5
6

폼 도버

작은 작품을 만들 때 나는 폼 도버를 자주 쓰는데, 도버는 데버 dabber라고 불리기도 한다. 폼 도버는 플라스틱 핸들이 달렸으며, 윗부분에 동그랗고 평평한 폼이 붙어 있다. 여러 크기의 폼 도버를 한 세트로 판매하기도 하는데, 대개 크기가 6mm(0.25인치)에서 1.9cm(0.75인치) 정도다. 폼 도버는 물감이 고르게 발라져서 스텐실 붓 대신 쓰이기도 한다.

도버는 고급 화장 스펀지처럼 물감을 얇게 펴 바를 수 있다. 따라서 세라믹 같이 아주 부드러운 표면에 정교한 디자인을 표현해야 할 때 알맞다. 보통 작은 크기의 작업물에 사용하면 좋다. 폼 도버 한 세트는 그리 비싸지 않아서, 여러 색깔을 쓰는 작업일 때 색깔별로 도버를 나눠서 쓸 수 있다. 보통 물감을 바꿀 때 도버를 일일이 물에 담가 씻어서 반드시 말려야 한다. 하지만 세트를 몇 개 준비하면 색깔을 바꿀 때마다 도버를 씻지 않아도 되기 때문에 시간이 훨씬 절약된다. 또, 색깔별로 도버를 쓰면 색깔이 섞일 위험이 줄어든다.

스텐실 붓은 보통 거칠고 딱딱하기 때문에 두꺼운 천이나 고리버들 같이 흡수가 잘 되는 표면에 쓸 때는 물감을 좀 더 많이 발라야 한다. 반면, 폼 도버는 붓보다 안료를 더 많이 흡수하기 때문에 스텐실을 할 때 너무 세게 눌러서는 안 된다. 미술용품점이나 인터넷에서 도버를 구할 수 있다.

폼 물감 롤러

뒤에 나올 77페이지의 깔끔하게 꾸민 사이드 체어에서 스텐실을 뒤집어 물감을 칠할 때 쓴 도구다.

드러내거나 또는 감추거나

스텐실을 잘하고 싶다면 스텐실을 만들 때 드러낼 부분과 감출 부분을 고려해야 한다. 스텐실에서 잘라낸 부분이 물감을 칠하면 드러나는 부분이다.

커터

정밀한 커터를 사용하면 도안 둘레를 따라 '그림 그리듯' 유연하게 도안을 잘라낼 수 있다. (61페이지 참조) 잘 드는 가위도 두면 쓸데가 많다. 스텐실에서 넓은 면적, 특히 곡선 가장자리가 많은 넓은 면적의 경우에 나는 커터보다 가위를 쓰는 편이다. 도구를 각각 써보면서 여러분이 쓰기 편한 도구를 찾기 바란다.

자체 복구되는 커팅 매트도 자주 쓰인다. 여러분의 작업대에 딱 들어가는 매트를 장만하자. 커팅 매트가 있으면 작업대도 보호되면서 작업 공간에 물감이나 물이 잘 떨어지지 않는다.

스텐실이 완성되기까지

여기서 다양한 스텐실 작품을 소개했지만, 몇몇 기본 방법만 알면 충분히 만들 수 있다. 바로 접착 스텐실 필름과 투명 스텐실을 이용하여 스텐실을 만드는 방법이다. 다음과 같이 두 방법을 해볼 수 있다.

작업 공간 준비

스텐실을 할 때는 물감, 잉크 등 여러 가지 안료를 쓰기 때문에 캔버스나 깔개용 천으로 작업대를 보호해야 한다. 깔개용 천은 큰 규모의 작업을 할 때 쓰면 좋다. (급할 경우, 신문지나 크라프트지를 써도 좋지만, 캔버스로 하면 스텐실을 채워 넣기 좋고 여러 번 재사용할 수 있다.) 또, 작업을 시작하기 전에 도구들을 옆에 잘 놓아두고 작업할 때 방해되지 않도록 하자.

스텐실을 찍을 재료 준비

캔버스가 아닌 다른 천으로 작업할 때는 천을 미리 세탁하고 건조해서 다려놓자. 금속이나 나무 같은 곳에 작업할 경우(램프나 의자 같이 제작된 물건도 포함된다), 깨끗한 젖은 천으로 표면의 먼지와 때를 닦아내고 스텐실을 채워 넣기 전에 완전히 말린다.

도안을 베끼는 방법

접착 스텐실 필름을 사용할 때는 먼저 21.6×27.9cm(8.5×11인치)짜리 종이에 도안을 복사한다. 그다음, 가위나 커터로 접착 필름을 복사본과 같은 크기로 잘라낸다. 전사지를 물감이 묻을 쪽을 위로 하여 커팅 매트에 놓고 테이프로 고정한다. 그 위에

스텐실 필름을 놓고 똑같이 테이프로 고정한다. 다시 그 위에 도안 복사본을 테이프로 고정하여 스텐실 필름이 도안과 전사지 사이에 있도록 한다. (A)

뾰족한 연필로 도안을 베낀다. (B) 복사본, 스텐실 필름, 전사지 구석에 붙인 테이프를 떼어낸다. 복사본과 전사지를 치우거나 따로 보관한다.

투명 스텐실을 사용할 때는 전사지가 따로 필요 없다. 그저 투명 필름을 도안 복사본 위에 놓고 얇은 매직펜으로 도안 둘레를 베껴 그리면 된다.

스텐실 자르기

커팅 매트에 앞서 매직펜으로 베낀 도안이 위로 오도록 놓고 테이프로 고정한다. 연필을 잡듯이 커터를 잡고 도안의 가장자리를 따라 자른다. (C) 잘라낸 조각들은 떨어지면 버려도 된다. 스텐실 형태가 분명해질 때까지 잘라내고 가장자리를 매끄럽게 마무리한다. 필요에 따라 칼날을 바꿔가며 작업한다. 그다음 필요한 만큼 스텐실을 가위로 잘라낸다. 주변으로 5cm 정도 여유를 남기고 잘라야 스텐실 표면에 잉크가 흐르지 않는다.

스텐실 고정하기

스텐실을 표면에 조심스럽게 붙여야 결과물이 깔끔하고 선명하게 나온다. 먼저 스텐실 필름일 때는 뒷면 종이를 벗겨낸 다음 (D) 표면에 평평하게 놓는다. 투명 스텐실일 때는 스텐실에 접착 스프레이를 뿌리고 표면에 놓는다. 그다음, 스텐실 안쪽을 잘 살피면서 스텐실을 고정한다. 본 폴더나 스푼 뒷면 또는 엄지손가락으로 스텐실이 평평하게 붙을 때까지 문지르는 것도 방법이다. (E)

물감을 섞어서 색깔 만들기

원하는 색깔을 쓰고 싶다면 다음 단계로 넘어가기 전에 물감을 혼합해야 한다. 14페이지에 있는 '물감을 섞어서 색깔 만들기' 부분을 참고할 것.

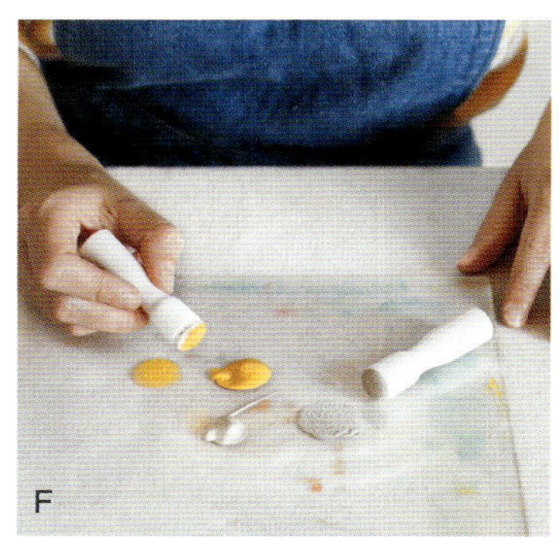   

스텐실 채우기

스텐실을 채울 때는 로딩 loading 과 스티플이라 불리는 방법을 사용한다. 로딩은 붓에 물감을 묻히는 것이고, 스티플은 물감을 얇고 거칠게 묻혀서 재료 표면에 점을 찍듯 칠하는 것을 말한다.

두 방법 모두 먼저 아티스트 팔레트에 백 원짜리 동전 크기만큼 물감을 덜어둔다. 그다음, 도버 또는 붓 끝에 물감을 묻힌다. (F) 물감을 묻힌 도구를 90도 각도로 들어 물감을 묻힐 표면에 놓고, 물감이 고루 묻도록 가볍게 톡톡 두드린다. (G)

이때 가장 중요한 것은 도구에 적당한 양의 물감을 묻히는 것이다. 먼저 도구를 손에 익힌 다음, 여러 겹으로 칠한다 생각하고 물감을 묻힌다. 필요에 따라 물감을 추가한다. 약하게 톡톡 두드리며 표면에 물감이 고루 입히도록 점을 찍듯 스텐실을 채운다. (H) 물감을 얇게 묻히는 게 핵심이므로 이 과정을 여러 번 반복할 수도 있다. 스텐실을 칠하기 전에 팔레트에서 도구에 묻은 물감을 톡톡 두드리자. 물감이 도구에 고루 퍼진 상태에서 스텐실을 채워야 한다.

스텐실을 채울 때 어떤 도구든 물감을 묻히는 방법과 스티플은 동일하지만, 여기서 소개하는 도구들에 익숙해지려면 어느 정도 시간이 필요하다. 하나의 작품에서 다양한 색깔을 쓴다면, 색깔마다 도구를 따로 두는 것이 좋다. (I)

연습 또 연습

본 작업을 시작하기 전에 가능하면 실제로 작업할 표면에 연습해보는 것이 좋다. 종이나 천이라면 재료를 구하기 쉽고 연습도 수월하지만, 세라믹 그릇 같이 구입한 물건이라면 연습하기가 쉽지 않다. 세라믹에 작업할 경우에는 오래된 그릇이나 접시에 연습해보자. 여유 공간이 있다면 여러 번 연습하는 것이 좋다.

연습용으로는 대략 10.2×15.2cm(4×6인치) 크기의 스텐실이 좋다. (큰 종잇조각도 상관없다.) 재료를 준비해서 커터로 원하는 만큼 잘라내 연습해보자. (J)

스텐실 필름의 뒷면 종이를 벗기거나 투명 스텐실에 스프레이를 뿌려 표면에 평평하게 놓는다. 스텐실 안쪽을 잘 살피면서 손가락 끝으로 눌러 기포를 없애가며 고정한다. 그다음, 앞서 설명한 방법대로 물감을 묻힌다.

 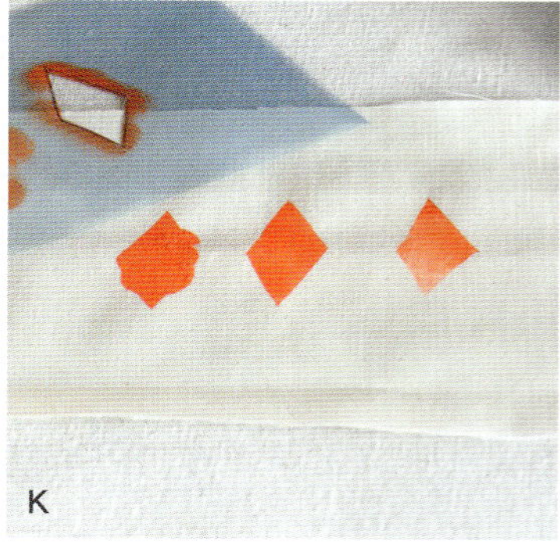

물감이 마르면 스텐실을 조심스럽게 떼어내고 결과를 확인한다. (K) 디자인 가장자리에 물감이 고여 있다면, 스텐실을 표면에 제대로 눌러 고정하지 않았거나 물감을 너무 많이 썼기 때문이다. 이렇게 되면 본 작업 때 스텐실 아래로 물감이 흘러내릴 수 있다. 반대로 물감을 너무 적게 사용했다면 붓에 물감을 약간 더 묻혀보자. 또는 그 위에 물감을 한 겹 더 칠하는 방법도 있다.

실전 돌입!

지금까지 기본 스텐실 방법을 소개했다. 앞으로 나올 작품마다 스텐실을 채우는 방법과 물감을 섞어 색깔을 만드는 방법을 덧붙였다. 이 정보들을 참고하면 충분히 스텐실을 만들어 써볼 수 있을 것이다. 다만, 86페이지 '경쾌한 디자인의 세라믹 접시'의 경우처럼 구입한 물건에 작업할 때는 내가 제시한 물건과 여러분이 구입한 물건의 크기가 딱 맞지 않을 수 있다. 따라서 여러분이 작업할 물건에 따라 얼마큼 간격을 두고 패턴을 넣을지 계획을 세워야 한다. 내가 만든 작품들을 보면서 여러분이라면 어떻게 패턴을 넣을지 잘 파악해보기를 바란다.

정리하기

찬물에 도구를 닦고 완전히 말린다. 남은 안료는 작은 병에 보관해서 다음에 사용하거나 안전하게 폐기한다.

특별한 방법: 반전 스텐실

반전 스텐실이란 보통의 스텐실에 약간의 변화를 준 방법이다. 원래대로라면 도안 부분만 잘라냈을 테지만, 반전 스텐실에서는 스텐실 재료에서 도안 부분이 아닌 바깥 부분을 잘라낸다. 따라서 안료를 스텐실 위에 바르고 벗겨내면, 도안 부분에는 물

감이 묻지 않고 원래 표면이 드러난다. 오히려 바깥 부분에 물감이 묻는 형식이다. 77페이지의 깔끔하게 꾸민 사이드 체어에 이 방법을 사용했다. (L)

스텐실 보관하기

여러분이 정성스레 만든 스텐실들은 쓸 만한 자료가 된다. 뭔가 만들고 싶을 때 이 스텐실을 훑어보면 도움이 될 것이다. 스텐실(뒷면 종이나 도안 복사본)을 모아서 폴더에 보관해놓자. 스텐실 뒷면에 접착 성분이 있을 경우, 왁스지 사이에 보관하면 된다. 바로 꺼내 쓸 수 있게 준비해놓으면 그만큼 수월하게 작업할 수 있다. 언제 아이디어가 떠오를지 모를 일이다.

스텐실은 어디에서나 쓸 수 있다!

스텐실이 어디서나 다양하게 쓸 수 있다는 점을 결코 무시하지 말자! 이 책에서 내가 사용한 물건, 재료들을 보면 얼마나 다양하게 스텐실이 쓰였는지 알 수 있을 것이다. 스텐실은 천, 종이, 금속, 가죽, 나무, 세라믹은 물론, 가구나 벽에도 사용할 수 있다. 간단하게 연습해보면 사용하기에 알맞은지 쉽게 알 수 있다.

Scotch
spray
mount™
Repositionable
Adhesive
3M

스텐실 키트

각 작품마다 쓰이는 도구를 자세히 적어놓았지만, 여기에 적은 도구들은 대부분 쓰이는 기본 도구니 갖고 있으면 좋다. 작업을 시작할 때 이 도구들을 옆에 가까이 두자. 작업을 시작하기 전에 사용하기 쉽게 도구를 정리해놓으면 좀 더 집중해서 작업할 수 있다.

- 깔개용 천
- 여분의 칼날과 커터
- 가위
- 커팅 매트
- 뽀족한 연필과 얇은 매직펜
- 자
- 잉크를 섞을 때 쓸 플라스틱 또는 종이컵
- 플라스틱 스푼
- 아크릴 아티스트 팔레트
- 아티스트 전사지
- 아티스트 테이프
- 자투리 종이
- 약솜 또는 면봉
- 마무리 작업용으로 끝이 뽀족한 6mm(0.25mm) 물감 붓

스텐실 잘하는 팁

꾸준히 연습하다 보면 스텐실 실력이 늘어난다. 이미 여러 팁을 소개했지만, 다음의 것들을 염두에 두고 작업하면 처음부터 잘할 수 있다.

- 스텐실은 매끄럽고 깨끗한 표면에서 가장 잘된다. 표면(특히 나무나 세라믹)을 잘 닦고 작업하기 전에 완전히 말린다.

- 스텐실 가장자리가 표면에 완전히 평평하게 놓이도록 한다. 스텐실 안쪽 부분에 울룩불룩하거나 기포가 있는 부분이 없어야 안료가 표면 아래로 흐르지 않는다. 스텐실 가장자리를 바깥쪽으로 밀면서 문질러 기포가 생기지 않도록 한다.

- 도구에 적당량의 안료가 묻히도록 미리 테스트해본다. 안료가 붓의 털 부분에만 묻혀야 한다. 폼 도구를 사용할 때는 안료를 최대한 고르게 묻힌다.

- 스텐실을 벗겨내기 전에 물감이 완전히 마르도록 둔다. 천천히 기다릴 줄 알아야 물감이 번지거나 흘러서 작품이 손상되는 걸 막을 수 있다.

- 반드시 날이 날카로운 커터를 쓸 것! 커터를 사용할 때, 특히 스텐실을 종이에서 잘라낼 때는 칼날을 자주 교체한다. 날카로운 칼날일수록 작업이 더 쉽고 안전하다.

스텐실 재료와 도구

1. 커터와 여분의 칼날 2. 아크릴 아티스트 팔레트 3. 신문지 4. 접착 스텐실 필름(뒷면) 5. 아티스트 전사지 6. 커팅 매트 7. 자 8. 깔개용 천 9. 접착 스텐실 필름 10. 부드러운 연필 11. 얇은 마커 12. 가위 13. 플라스틱 스푼과 컵 14. 약솜 15. 폼 도버 16. 하얀색 아티스트 테이프 17. 접착용 스프레이 18. 투명 스텐실

꽃무늬 토트백

2가지 색깔의 꽃무늬 스텐실을 여기저기에 넣고, 손잡이에 반짝이는 브라스 장식을 더했더니 한층 멋진 토트백이 탄생했다. 좀 더 빨리 만들고 싶다면, 이미 만들어진 토트백에 스텐실을 채워 넣으면 된다.

스텐실 재료 접착 스텐실 필름

준비물

최소 1.1×1.1m(44×44인치) 넓이의 세탁하지 않은 천연 코튼 캔버스 68.6cm(0.75야드)

아크릴 물감에서 3가지 색깔 [나는 마사 스튜어트의 멀티 서피스 새틴 아크릴 크라프트 물감에서 와일드 블루베리(Wild Blueberry), 핑크 플라밍고(Pink Flamingo), 포슬린 돌을 사용했다.]

1.3cm(0.5인치) 폼 도버 2개

최소 1.1×1.1m(44×44인치) 넓이의 안감용 코튼 45.7cm(0.5야드)

중간 정도 무게의 가용성 심지 45.7cm(0.5야드)

폭 1.6cm(0.62인치), 길이 66cm(26인치)의 가죽 끈 2개(가죽용품점에서 구입 가능, 142페이지 추천 웹사이트 참조)

브라스 리벳(가죽용품점에서 구입 가능, 142페이지 추천 웹사이트 참조)

재봉틀과 실 등을 포함한 관련 용품

다리미

가죽 리벳 키트(선택 사항)

스텐실 키트(65페이지 참조)

134페이지의 스텐실 도안

메모: 내 경우, 가죽용품점에서 가죽 끈을 사서 토트백에 추가했다. 이외에 덧붙이고 싶은 게 있다면 69페이지의 16단계를 참조하자.

작업 준비

1. 60페이지에 설명한 대로 스텐실 필름에 도안을 옮긴다.

2. 필요에 따라 61페이지에 있는 방법을 참고하며 스텐실을 자른다.

3. 캔버스, 안감용 코튼, 가용성 심지에서 40.6×40.6cm(16×16인치) 정사각형 2개를 잘라낸다. 나머지 캔버스는 연습용으로 둔다. 제품 설명서에 따라 캔버스 양쪽에 들어갈 가용성 심지를 다림질한다. (심지는 캔버스 백의 구조를 좀 더 튼튼하고 모양 좋게 잡아준다.)

4. 물감은 쓰기 전에 병을 흔들어야 한다. 몇몇 색깔은 2가지 물감을 섞어서 만들었다. 네이비블루의 경우, 네이비 물감 1스푼과 하얀색 물감 반 스푼을 완전히 섞어서 만들었다. 분홍의 경우, 새먼핑크 물감 1스푼과 하얀색 물감 반 스푼을 섞었다.

5. 남은 캔버스에 연습해본다.

A. 스텐실 필름을 고정한다.

B. 잉크가 마르도록 뒀다가 천천히 스텐실을 떼어낸다.

C. 캔버스 전체를 채울 때까지 반복한다.

패턴 넣기

6. 준비한 캔버스 정사각형 중 하나 밑에 심지를 놓는다. 그다음, 스텐실 뒷면 종이를 벗겨낸다. 그리고 캔버스 오른쪽 위 구석에 작은 '꽃봉오리' 스텐실을 놓는다. 또, 천의 가장자리와 최소 5.1cm(2인치) 간격을 두고 '꽃' 스텐실을 놓는다. 손가락으로 주름을 펴서 스텐실이 천에 완전히 닿도록 한다. (A)

7. 분홍색부터 시작해서 꽃잎 부분에 물감을 점을 찍듯 채운다. 스텐실 1개에 2가지 색깔이 들어가기 때문에 분홍색 물감이 꽃의 중앙(네이비블루)이나 잎 부분(파랑)으로 흐르지 않도록 조심해야 한다. 꽃잎을 분홍색 물감으로 채운 다음, 번지지 않도록 물감을 잘 말린다.

8. 깨끗한 도버를 사용하여 파란색 물감으로 꽃의 중앙과 잎 부분에 스텐실을 채워 넣는다. 물감이 완전히 마른 다음 스텐실 필름을 천천히 벗겨내는데, 이때 찢어지지 않도록 주의하자. (B)

9. 7단계와 8단계 과정에 따라 스텐실을 계속 찍어낸다. 내가 한 것을 참고해서 여러분의 생각대로 스텐실을 채워보기 바란다. 스텐실을 돌려가며 찍으면 스텐실이 잘 어우러진다. 정사각형 천에 가득 스텐실을 채워 넣는다. **(C)** 딱 맞을 필요 없이 자연스럽게 보이면 된다.

D. 캔버스와 안감에 핀을 꽂는다.

E. 뒤집기 위해 열린 부분을 그대로 둔다.

F. 덧대는 천을 바느질한다.

마무리하기

다른 설명이 없는 한 모든 솔기는 1.3cm(0.5인치)로 한다.

10. 캔버스 정사각형 1개와 안감 정사각형 1개를 서로 맞댄다. 위쪽 가장자리에 핀을 꽂고 그 부분을 바느질한다. 나머지 백과 안감 천도 핀을 꽂아 똑같이 바느질한다.

11. 바느질한 쪽의 반대쪽을 접어서 긴 직사각형을 만든다. 두 번째 안감도 똑같이 접고, 첫 번째 안감 위에 맞닿게 놓는다. 모든 면에 핀을 꽂는다. **(D)**

12. 안감 가장자리에서 10.2cm(4인치) 안으로 가장자리를 따라 바느질한다. 사진에서 보이는 것처럼 안감을 뒤집기 위해 20.3cm(8인치) 정도 바느질하지 않고 남겨둔다. **(E)**

13. 캔버스의 한쪽 구석을 접어서 솔기와 접힌 옆선이 삼각형이 되도록 한다. 꼭짓점에서부터 5.1cm(2인치) 정도 되는 지점을 재어 선을 긋고 그 선을 따라 바느질한다. **(F)** 캔버스의 다른 구석과 코튼 안감의 양쪽 바닥 구석도 같은 과정을 반복한다.

14. 안감의 구멍을 통해 캔버스를 조심스럽게 잡아당긴다. 바느질하지 않은 부분을 뒤집고, 손으로 눌러가며 1.3cm(0.5인치) 너비로 솔기를 만든다. 구석들이 서로 만나고 백 바닥이 평평해지도록 자리를 잡는다.

15. 토트백의 위 가장자리를 손으로 누르면서 백 윗부분 주변에 6mm(0.25인치) 간격으로 겉바느질을 넣는다. 이렇게 하여 안감이 제자리에 오면 토트백의 모양을 다듬는다.

16. 가죽용품점에 완성된 토트백을 가져가서 백의 위 가장자리에서 약 5.1cm(2인치) 밑으로 가죽 끈을 단다. 대형 공예용품 체인점이나 직물 체인점에서 리벳 키트와 교체 끈, 다른 끈 재료 등을 살 수 있다.

화사한 색깔의 테이블보

예쁜 테이블보로 식탁을 꾸미면 식사 시간이 더욱 특별해진다. 선명한 꽃무늬 디자인에 들어갈 색깔을 알맞게 조절하면, 여러분의 식탁에 맞게 또는 계절에 맞게 테이블보를 꾸밀 수 있다.

스텐실 재료 접착 스텐실 필름

준비물

최소 1.1×1.1m(44×44인치) 넓이의 중간 정도 무게의 세탁한 하얀색 리넨이나 코튼 2.5m(2.75야드)

텍스타일 물감에서 3가지 색깔[나는 자카드 텍스타일 컬러의 옐로 오커(Yellow Ochre), 검은색, 하얀색 물감을 사용했다.]

1.6cm(0.62인치) 폼 도버 2개

재봉틀과 실 등을 포함한 관련 용품

다리미

스텐실 키트(65페이지 참조)

141페이지의 스텐실 도안

작업 준비

1. 도안을 스텐실 필름에 베끼고 각각 하나씩 스텐실 필름을 잘라낸다. 테이블 러너에 넣을 줄기 부분은 스텐실 필름에 6mm×25.4cm(0.25×10인치) 직사각형을 그린 뒤 그 부분을 잘라내서 쓰면 된다.

2. 도안 주변으로 여유 공간을 남기면서 스텐실을 잘라낸다. 이렇게 하면 잉크가 스텐실 가장자리를 넘어 천에 잘 묻지 않는다.

3. 테이블 러너에 쓸 천은 43.2cm×2.3m(17×90인치) 크기로 자르거나 여러분의 식탁 크기에 맞게 길이와 폭을 조정한다. 냅킨용으로는 45.7×45.7cm(18×18인치) 정사각형 4개를 잘라내고 나머지 천은 연습할 때 쓴다.

4. 물감을 섞어 원하는 색깔을 만든다. 검은색 물감을 섞을 때는 물감 병을 항상 흔들어줘야 한다. 꽃잎 부분의 노란색은 물감을 섞어서 만들지 않고 원래 있던 물감을 그대로 갖다 썼다. 회색을 만드는 2가지 방법은 여기 소개하겠다.

   꽃 중앙에 들어간 밝은 회색은 하얀색 물감 2스푼에 검은색 물감 1스푼을 천천히 섞은 다음, 노란색 물감을 아주 조금 섞어서 따뜻한 느낌이 감돌게 만들었다.

   테이블 러너의 잎과 줄기에 쓰인 어두운 회색은 하얀색 물감 2스푼에 검은색 물감 1스푼을 천천히 섞어서 만들었다.

5. 스텐실이 잘되는지 한번 연습해본다.

A. 줄기 스텐실을 중앙에 놓는다.

B. 잎과 줄기를 채운다.

C. 각 색깔마다 도버를 깨끗이 씻어서 쓴다.

패턴 넣고 마무리하기

6. 스텐실을 준비할 때 잘라낸 천들을 다려서 주름이나 구겨진 부분이 없도록 한다.

7. 테이블 러너용으로 자른 천을 가로로 반 접어 손가락으로 누른다. 가운데에 접힌 자국이 나면 종이를 평평하게 편다. 줄기 스텐실의 종이 뒷면을 벗겨내 테이블 러너 위에 놓는다. 디자인의 중심선을 기준으로 위아래 길이가 같게, 즉 디자인 중앙 부분이 접은 선 위에 오도록 자리를 잡는다. (A)

8. 손가락으로 주름을 펴서 스텐실이 천과 완전히 닿도록 한다.

9. 필요에 따라 62페이지의 스텐실 채우기 방법을 참고한다. 어두운 회색으로 잎과 줄기 부분을 채우고, 물감을 얇게 좀 더 바른 다음 살짝 말린다. (B)

10. 이제 꽃무늬를 채워보자. 먼저 꽃 중앙에 밝은 회색 물감을 점을 찍듯 넣는다. 스텐실 1개에 2가지 색깔이 들어가기 때문에 밝은 회색 물감이 꽃 중앙 밖을 벗어나지 않도록 주의하자.

11. 밝은 회색이 만족스럽게 나왔다면 꽃잎을 칠하기 전에 마르게 둔다. 깨끗한 도버를 이용해서 노란색 물감으로 꽃 주변을 칠한다. 이 과정을 반복하여 천에 꽃무늬를 채운다. (C)

12. 냅킨을 칠할 때는 스텐실과 천 가장자리 사이에 3.8cm(1.5인치) 정도 간격을 두고 아래쪽 아래 구석부터 시작한다. 10단계와 11단계에서 한 것처럼 중앙 부분을 밝은 회색으로, 꽃잎 부분은 노란색 물감으로 채운다.

13. 물감이 완전히 마르면 찢어지지 않게 조심하면서 스텐실 필름을 천천히 벗겨낸다. 다른 냅킨 3개도 같은 과정을 반복한다.

14. 단을 좁게 넣어 냅킨과 테이블 러너의 가장자리를 마무리한다. 제품 설명서에 따라 텍스타일 물감을 열처리한다.

> **힌트**: 이 스텐실 디자인은 여러 사이즈의 테이블 러너에 쓰기 쉽다. 줄기 부분에 맞춰 원하는 크기로 디자인을 맞추면 된다. 물론 테이블 러너가 아니라 다른 물건에서도 써볼 수 있다.

북유럽 스타일의 램프

스칸디나비아의 포크 아트에서 영감을 얻어 스텐실을 디자인해봤다. 작은 나무집에 컨트리풍의 부엌을 갖는 게 내 꿈이기도 하다. 램프의 깔끔한 선과 도형으로 만든 꽃무늬가 만나 예스런 디자인에 세련된 감각이 더해진 램프가 완성됐다.

스텐실 재료 접착 스텐실 필름

준비물

25.4cm(10인치) 지름의 하얀색 펜던트 램프[나는 이케아(IKEA)에서 구입했다.]

아크릴 물감에서 3가지 색깔(나는 마사 스튜어트의 멀티 서피스 새틴 아크릴 크라프트 물감에서 와일드 블루베리를 사용했다.)

1.3cm(0.5인치) 폼 도버

6mm(0.25인치) 물감 붓

구멍 1개짜리 펀치

스텐실 키트(65페이지 참조)

135페이지의 스텐실 도안

작업 준비

1. 램프 상자에서 램프를 꺼내 코드와 다른 설치 도구들을 한쪽으로 치워둔다. 젖은 천으로 램프 표면을 깨끗하게 닦고 완전히 마를 때까지 둔다.

2. 스텐실 필름에 도안을 베낀다.

3. 스텐실을 자른다. 펀치로 꽃잎에 구멍을 뚫는다. 가장자리와 구멍 사이의 간격이 적어도 1.9cm(0.75인치) 정도 돼야 물감이 가장자리를 넘어가지 않는다. 처음 뚫은 구멍을 기준으로 원 방향으로 구멍을 뚫어 꽃 스텐실을 만든다. **(A)**

A. 꽃과 줄기 스텐실을 만든다.

B. 스텐실을 고정한다.

C. 줄기에 물감을 채운다.

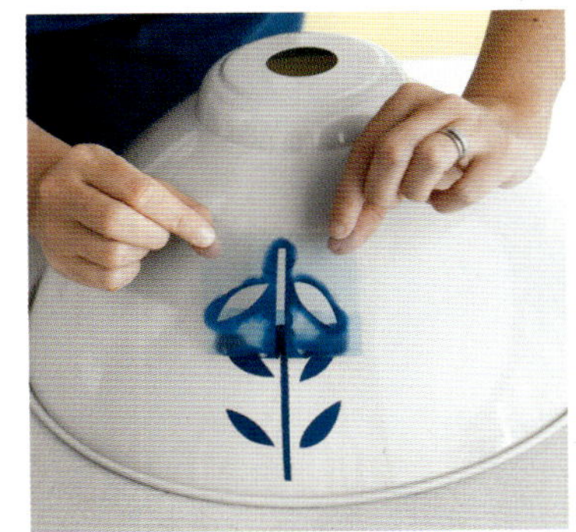

D. 스텐실을 천천히 벗긴다.

E. 꽃잎에 물감을 채운다.

F. 도안을 뒤집어서 이 과정을 반복한다.

패턴 넣고 마무리하기

4. 스텐실 필름의 종이 뒷면을 벗겨낸다. 램프 가장자리에서 1.9cm(0.75인치) 정도 간격을 두고 줄기 스텐실을 넣는다. 잎과 줄기 스텐실을 놓을 때는 끈적끈적한 부분이 밑으로 향하게끔 방향을 잡고 램프 표면에 조심스럽게 놓는 것이 포인트. 그다음, 손가락으로 스텐실을 잘 누른다. (B) 기포가 있는 부분은 손가락 끝으로 잘 다듬고, 스텐실이 램프 표면에 딱 붙도록 고정한다.

5. 첫 번째 도안에 얇고 고르게 물감을 채운다. (C) 몇 분 동안 물감이 마르도록 두었다가(아크릴 물감은 빨리 마르는 편이다) 스텐실을 조심스럽게 벗겨낸다. (D) 램프에 물감 찌꺼기가 남아 있으면 젖은 면봉으로 닦아낸다.

6. 줄기 윗부분에서부터 6mm(0.25인치) 정도 거리를 두고 꽃잎 스텐실을 놓고 고정한다. 5단계의 과정을 반복하여 스텐실을 채운다. (E) 마르도록 뒀다가 스텐실을 조심스럽게 잡아당긴다.

7. 꽃을 여러 개 채워 넣고 싶다면 어떻게 할까? 짝수마다 꽃 스텐실을 뒤집어서 넣으면 된다. 즉, 짝수에서는 꽃잎에 먼저 물감을 채우는 것이다. 그리고 각 꽃의 잎과 잎 사이에 3.2cm(1.25인치) 정도 간격을 두자. (F) 도안 방향을 바꿔가며 12번 꽃을 채워 넣은 다음(램프의 크기마다 다르다), 물감이 완전히 마르도록 둔다. 그다음, 제품 설명서에 따라 램프를 건다.

깔끔하게 꾸민 사이드 체어

손잡이가 없는 이 의자가 마음에 들어 스텐실로 꾸며봤다. 의자 쿠션은 수제 스텐실로 꾸민 코튼 커버를 씌웠다. 등받이는 앞서 말한 대로 반전 스텐실 방법을 사용해서 단순한 잎 모양을 채워 넣었다.

스텐실 재료 시트지(의자 등받이용), 투명 스텐실 필름(의자 쿠션용)

준비물(의자 등받이)

쿠션이 분리되는 의자

사포(선택 사항)

하얀색 라텍스 프라이머latex primer

크림cream 또는 앤틱 화이트antique white 색깔의 라텍스 페인트

10.2cm(4인치) 폼 물감 롤러

페인트 트레이

아티스트 테이프

스텐실 키트(65페이지 참조)

135페이지의 스텐실 도안

메모: 반전 스텐실을 하기 위해 뗐다 붙였다 할 수 있는 스텐실 필름 대신에 불투명 시트지를 사용했다. 필름보다 두껍고 고정이 잘되서 나무에 잘 붙기 때문이다. 물감을 여러 번 칠해도, 또 여러 번 위치를 바꿔도 잘 붙어 있다. 불투명한 물감은 어두운 색깔의 나무에서 선명하게 보인다.

준비물(의자 쿠션)

중간 무게의 표백하지 않은 세탁된 코튼 또는 리넨 1.1×1.1m(44×44인치)

최소 1.1×1.1m(44×44인치) 넓이의 회색 펠트 68.6cm(0.75야드)

아크릴 물감에서 2가지 색깔[나는 마사 스튜어트의 멀티 서피스 새틴 아크릴 크라프트 물감에서 옐로 재킷(Yellow Jacket)과 그레이 울프(Gray Wolf)를 사용했다.]

1.3cm(0.5인치) 스텐실 붓 또는 폼 도버

뗐다 붙였다 할 수 있는 접착 스프레이

스테이플 건staple gun과 스테이플

스텐실 키트(65페이지 참조)

136페이지의 스텐실 도안

메모: 의자의 쿠션 크기에 따라 코튼과 리넨 사이즈를 조정해야 할 수도 있다. 쿠션 밑으로 천을 고정하려면 적어도 사방으로 15.2cm(6인치) 정도 여유분을 둬야 한다. 치수를 측정해서 천의 사이즈를 정하자. 펠트도 경우에 따라 더 구입해야 할 수도 있다.

A. 스텐실 위치를 조정하고
   등받이에 붙인다.

B. 스텐실에 프라이머를 바른다.

C. 스텐실을 조심스럽게 떼어낸다.

작업 준비(의자 등받이)

1. 의자의 쿠션을 분리하고 쿠션 뒷면을 잘 닦는다. 빈티지 의자인 경우, 나무 표면을 사포질해서 부드럽게 한다. 도안을 복사해서 시트지 뒷면 종이에 옮겨 그린다.

2. 61페이지에 설명한 방법으로 스텐실을 자르고, 잘라낸 디자인 부분을 도안으로 사용한다.

3. 아티스트 테이프로 스텐실을 등받이에 붙여 위치를 잡는다. (A) 위치가 정해지면 시트지 뒷면 종이를 벗겨낸다. 만일 스텐실이 등받이 부분을 넘어간다면 가장자리는 접어서 뒤로 넘기면 된다. 손가락 끝으로 기포를 없애면서 위치를 고정하며 누른다.

4. 물감이 묻으면 안 되는 부분을 테이프로 덮는다. 의자를 깔개용 천 위에 놓아서 바닥에 페인트가 묻지 않도록 한다.

5. 폼 롤러로 의자 등받이 부분에 프라이머를 한 겹 칠하고 스텐실 위로도 칠한다. (B) 폼 롤러와 페인트 트레이를 닦은 후 말리고 프라이머가 완전히 마르도록 둔다.

패턴 넣기(의자 등받이)

6. 라텍스 페인트를 페인트 트레이에 담고 롤러를 밀어서 페인트를 골고루 묻힌다. 등받이 스텐실 위로 페인트를 한 겹 바른다. 페인트가 마른 후 한 겹 더 칠한다. 만져도 될 만큼 페인트가 마르면 스텐실을 조심스럽게 떼어낸다. (C)

작업 준비(의자 쿠션)

7. 쿠션 커버는 의자 등받이에 처음 물감을 칠하고 마를 동안 만들면 된다. 먼저 세탁한 천을 다려서 주름을 없앤다.

8. 투명 스텐실 필름에 도안을 옮겨 그리고, 스텐실을 잘라낸다. 정사각형이 고르지 않아도 괜찮다. 오히려 재밌는 패턴이 나올 때도 있다.

9. 스텐실 뒷면에 접착 스프레이를 얇게 뿌린다. 그다음, 천의 왼쪽 위 구석에 스텐실을 놓고 평평하게 누른다.

10. 물감 병을 잘 흔든 다음 물감을 섞는다. (14페이지 참조) 노란색 물감 4스푼과 회색 물감을 약간 넣어서 완전히 섞일 때까지 섞는다. 필요에 따라 회색 물감을 더 넣는다.

11. 작은 천에 연습해보고 완전히 마를 때까지 둔다. 천에 바른 물감은 마르면 약간 어두워진다. 이 점을 감안해서 물감이 마른 상태에서 원하는 색깔이 나올 때까지 연습해본다.

패턴 넣기(의자 쿠션)

12. 천의 왼쪽 위 구석부터 왼쪽에서 오른쪽 방향으로 1.3cm(0.5인치) 정도 간격을 두고 스텐실을 채운다. 필요하면 62페이지의 설명을 참고한다. (D) 스텐실의 접착력이 약해지면 접착 스프레이를 얇게 한 겹 더 뿌리면 해결된다. 천 전체가 패턴으로 덮일 때까지 스텐실을 채워 넣는다.

13. 천을 평평하게 놓거나 널어서 말린다.

D. 쿠션 커버를 칠한다.

E. 펠트 뒷면을 추가한다.

F. 쿠션을 다시 붙인다.

마무리하기

14. 스텐실을 넣은 쪽을 뒤집어서 '깨끗한' 작업대에 놓는다.

15. 천 중심에 쿠션 윗면을 뒤집어서 놓고, 쿠션 위로 천을 아주 팽팽해지도록 당긴다. 그다음, 천을 쿠션에 스테이플러로 고정한다.

16. 쿠션 둘레를 따라 천을 당기면서 앞 단계와 마찬가지로 스테이플러로 고정한다. 그다음, 5.1cm(2인치) 정도 여유를 두고 천을 잘라낸다.

17. 펠트 위에 쿠션을 놓고 펜이나 연필로 펠트에 쿠션 둘레를 따라 그린다. 표시한 선에서 2.5cm(1인치) 안쪽으로 펠트를 잘라내고, 쿠션 바닥에 스테이플러로 펠트를 고정한다. 천의 가장자리를 펠트로 덮어 깔끔하게 마무리한다. (E)

18. 쿠션을 의자에 다시 붙인다. 펠트에 나사 구멍이 보여야 한다면 커터로 그 부분만 잘라내면 된다. (F)

> **힌트**: 여기서 쓴 방법으로 밋밋한 의자는 물론, 다른 가구를 세련된 스타일로 꾸밀 수 있다.

실크 인피니티 스카프

구입한 실크 스카프로 작업하기 때문에 빠르고 쉽게 완성할 수 있는 작품이다. 나는 여러 옷에도 잘 어울리는 진한 새먼salmon 색깔을 썼다. 새먼은 대부분의 피부색에도 잘 어울린다. 물론 취향에 맞게 스텐실이나 색깔을 바꿔도 좋다.

스텐실 재료 투명 스텐실 필름

준비물

단이 말린 하얀색 실크 스카프 38.1×152.4cm(15×60인치) (나는 무지 자카르 스카프를 사용했다. 142페이지의 추천 웹사이트를 참조.)

염색 유인제 펜[나는 자카드 컬러 마그넷(magnet) 펜을 사용했다.]

텍스타일 물감(나는 자카드 다이나 플로우의 새먼 색깔을 사용했다.)

큰 유리그릇 또는 물통

헤어드라이어(선택 사항)

바늘과 실

다리미

부드러운 천

스텐실 키트(65페이지 참조)

137페이지의 스텐실 도안

메모: 무독성이고 수용성의 염료를 쓸 테지만, 음식을 담지 않을 염료 전용 그릇을 쓰기 바란다.

작업 준비

1. 투명 스텐실에 도안을 베끼고, 날카로운 커터로 스텐실을 자른다.

2. 스카프를 다려서 주름을 편 다음, 작업대에 펼친다. 사진에 보이는 것처럼 디자인이 스카프를 따라 수평으로 흐르도록 스텐실이 들어간다. **(A)**

A. 스텐실을 채운다.	B. 염료 유인제를 스텐실에 바른다.	C. 왼쪽에서 오른쪽으로 패턴을 만든다.

패턴 넣기

3. 텍스타일 물감을 쓰면 스카프 전체에 색깔이 은은하게 남는다. 반면, 염료 유인제를 바른 부분은 색깔이 진하고 선명하다. 염료 유인제 펜을 잘 흔들어 스펀지 부분이 젖을 때까지 부드럽게 누른다. 손으로 스텐실을 고정하고 스카프를 가로질러 왼쪽에서 오른쪽으로 스텐실에 유인제를 톡톡 두드리면서 바른다. **(B)** 염료 유인제는 옅은 노란색이라서 스텐실 안쪽까지 제대로 발랐는지 확인하면서 작업해야 한다.

4. 스텐실을 뒤집고 천이나 종이 타월로 흘러내린 염료 유인제를 닦아낸다. 스텐실을 뒤집은 채로 두고 염료 유인제로 스카프 가장자리까지 패턴을 넣는다. 패턴을 약간 겹치게 넣으면 패턴들이 서로 잘 어우러진다. **(C)** 스텐실을 톡톡 두드리면서 스카프 전체에 패턴을 채운다.

5. 염색 단계를 진행하기 전에 스카프를 완전히 말린다. 좀 더 빨리 말리려면 헤어드라이어를 써도 되고 하룻밤 동안 말려도 된다.

6. 큰 그릇이나 물통에 텍스타일 물감 한 병을 모두 넣고, 물 1컵(236㎖)을 넣은 다음 잘 섞는다. 여기에 실크 스카프를 완전히 담근다. 최소 20분 동안 스카프를 담가놓고 가끔 젓는다.

7. 물통에서 스카프를 꺼내 따뜻한 물에 넣고 물이 깨끗해질 때까지 헹군다.

마무리하기

8. 스카프를 완전히 말리고 제품 설명서에 따라 물감이 지워지지 않도록 처리한다.

9. 바늘과 실로 스카프의 짧은 끝을 이어 바느질해서 동그란 형태를 만든다.

경쾌한 디자인의
세라믹 접시

영감은 예상치 못한 곳에서 떠오르기도 한다. 미술용품점에서 제도용 모양자 세트를 발견하고는 단순한 형태로 밋밋한 하얀색 접시들을 꾸몄다. 세라믹이나 유리에 쓸 수 있는 전용 불투명 마커로 간단히 작업해서 세련된 작품을 만들 수 있다. 접시에 맞게 디자인을 수정하여 넣어도 좋다.

스텐실 재료 제도용 모양자 1개, 모양자 1개

준비물

바닥이 평평하고 얕은 하얀색 세라믹 접시 2개, 1개는 작고 1개는 큰 것으로 준비한다. 크기는 각각 27.9×15.2cm(11×6인치)와 35.6×20.3cm(14×8인치).

에나멜 물감 마커에서 2가지 색깔 [나는 트랜스폼메이슨(TransformMason)의 검은색 에나멜 마커를 사용했다.]

연습용 세라믹 접시

약솜

소독용 알코올

아세톤 매니큐어 제거제

스텐실 키트(65페이지 참조)

메모: 여기서는 구입한 스텐실을 사용했지만, 여러분이 직접 만들어 쓸 수도 있다. 여러 스텐실을 사용해보고 기존의 스텐실을 응용해서 여러분만의 디자인을 만들어보자. 또, 사무용품점에도 다양하고 재밌는 스텐실들이 있다. 여러 도안 중에 접시의 크기와 형태에 따라 알맞은 것을 골라 접시에 평평하게 놓으면 된다.

작업 준비

1. 뜨거운 비눗물에 접시를 씻고 완전히 말린다. 스텐실을 넣을 접시 표면을 약솜에 소독용 알코올을 적셔서 닦고, 남은 때나 기름기를 제거한다.

2. 마커 끝부분을 낮춰 잉크가 고르고 불투명하게 나올 때까지 자투리 종이에 테스트한다.

3. 연습 삼아 에나멜 마커로 스텐실 하나를 채워보자. 만일 실수했다면 약솜에 매니큐어 제거제를 적셔서 잉크가 덜 말랐을 때 지우면 된다.

A. 스텐실을 고정하고 색깔을 넣는다.　　　B. 스텐실을 뒤집어가며 그릇을 채운다.　　　C. 큰 접시의 가장자리에 패턴을 넣는다.

패턴 넣기(작은 접시)

4. 작은 접시에는 큰 원을 넣어봤다. [나는 3.2cm(1.25인치) 원부터 시작했다.] 접시 가장자리에서 2.5~5.1cm(1~2인치) 간격을 두고 접시에 손으로 스텐실을 고정한 다음, 위아래 방향으로 부드럽게 원을 채웠다. (A) 색깔이 연하게 나온 부분이 있다면, 펜을 잘 흔들어 잉크가 마른 다음에 그 부분을 다시 채우면 된다.

5. 원 밑에 직선 스텐실을 넣어 막대사탕처럼 만든다. 그다음, 마를 때까지 둔다.

6. 모양자에서 적당한 크기의 삼각형을 찾아 그림처럼 직선 중간쯤에 넣는다. 삼각형을 뒤집어서 선 반대편에도 하나 더 그려 넣는다. 막대사탕마다 디자인을 뒤집어가면서 접시 바닥을 모두 채울 때까지 이 과정을 반복한다. (B)

패턴 넣기(큰 접시)

7. 큰 접시에는 제도용 모양자에서 삼각형을 골라서 썼다. (내가 고른 것과 똑같은 게 없거나 따로 마음에 드는 삼각형이 있다면, 그걸 써도 좋다. 아니면 작은 삼각형을 많이 채워 넣는 방법도 있다.) 접시 한쪽 구석에 스텐실을 놓고 손가락으로 스텐실을 고정한 다음, 에나멜 잉크 마커로 각 삼각형을 채운다. 패턴에 따라 6mm(0.25인치) 정도 간격을 두고 스텐실을 옆으로 옮겨가며 이 과정을 반복한다. (C)

8. 접시 전체에 작은 패턴을 계속 넣는다. 잘못된 부분은 약솜에 매니큐어 제거제를 적셔 잉크가 마르기 전에 수정하면 된다.

마무리하기

9. 최소 1시간 동안 접시가 마르도록 두고 제품 설명서에 따라 오븐에 그릇을 열처리한다. 여러분이 사용한 에나멜 잉크는 무독성이고 음식에도 안전하다. 그러니 자주 사용해도 된다. 접시는 손으로 세척하고 잘 말려서 보관한다.

줄무늬
수납 바구니

이번에는 집에서 물건을 보관할 때 쓸 수 있는 바구니를 예쁘게 꾸며봤다. 멕시코의 전통 수제 바구니에서 영감을 얻었는데, 다양한 색깔로 줄무늬를 넣었다. 방에 두면 방 분위기가 환하게 바뀔 것이다.

스텐실 재료 2.5cm(1인치) 너비의 아티스트 테이프

준비물

너비 58.4cm(23인치), 깊이 45.7cm(18인치), 높이 45.7cm(18인치)의 큰 고리버들 바구니

스텐실 붓 4개[2.5cm(1인치)짜리 붓 2개, 1.3cm(0.5인치)짜리 붓 2개]

아크릴 물감에서 4가지 색깔[나는 마사 스튜어트의 멀티 서피스 새틴 아크릴 물감에서 파티 스트리머(Party Streamer), 제라늄, 치포틀, 그레니 스미스(Granny Smith)를 사용했다.]

투명 아크릴 실러sealer

스텐실 키트(65페이지 참조)

메모: 여러분이 꾸미려는 바구니가 여기서 쓴 것과 크기가 많이 다르다면, 그에 맞게 디자인 크기를 조절하면 된다.

작업 준비

1. 작업대에 물감이 묻지 않도록 천이나 깔개용 비닐을 깐다. 바구니가 크다면 테이블이 아니라 바닥에서 작업하는 방법도 있다.

2. 바구니 바닥에서 6.4cm(2.5인치) 정도 위에 테이프 띠를 두른다. 그 위에 7.6cm(3인치) 정도 간격을 두고 띠를 하나 더 두른다. 줄무늬가 비뚤어지지 않도록 테이프 띠를 두를 때마다 정확히 간격을 두는 것이 핵심이다.

3. 두 번째 테이프 띠에서부터 위로 5.1cm(2인치) 간격을 두고 세 번째 띠를 두른다. 그다음, 세 번째 띠에서 위로 3.2cm(1.25인치) 간격을 두고 네 번째 띠를 추가한다. 손가락 끝으로 바구니에 띠가 잘 붙었는지 확인하고, 뭉친 부분이나 기포 또는 물감이 흐를 만한 부분이 있는지도 살펴본다. **(A)**

A. 테이프를 둘러 물감을 칠할 부분을 구분한다.

B. 표시한 부분에 물감을 점을 찍듯 넣는다.

C. 작은 스텐실 붓으로 줄무늬를 그려 넣는다.

패턴 넣기

4. 푸크시아 fuchsia(붉은빛이 도는 보랏빛–옮긴이) 색깔의 물감을 동전 크기로 팔레트에 담고 2.5cm(1인치)짜리 스텐실 붓에 살짝 묻힌다. 팔레트에 붓을 톡톡 쳐서 붓에 물감이 고르게 펴지게 한다.

5. 첫 번째 띠와 두 번째 띠 사이에 7.6cm(3인치) 폭의 줄무늬를 칠한다. 겉만 칠하지 말고, 바구니 안쪽도 붓으로 칠해야 한다. 이렇게 하면 바구니의 '엮은 느낌'이 좀 더 살아난다. 필요에 따라 팔레트에 물감을 더 담는다.

6. 푸크시아 색 물감이 마를 동안, 두 번째와 세 번째 띠 사이에 오렌지 색 물감으로 5.1cm(2인치) 폭의 줄무늬를 칠한다. 이때, 테이프는 절대 떼서는 안 된다.

7. 필요에 따라 물감을 팔레트에 더 담는다. 1.3cm(0.5인치)짜리 스텐실 붓으로 세 번째와 네 번째 띠 사이에 2.5cm(1인치) 폭으로 줄무늬를 칠한다. 그다음, 5.1cm(2인치) 길이로 바구니 곳곳에 줄무늬를 넣는다. (색깔을 다르게 쓸 때마다 붓을 바꿔야 한다.)

8. 1.3cm(0.5인치) 스텐실 붓을 물로 닦고 말린다. 그다음, 붓 하나를 따로 챙겨둔다.

9. 물감이 마르면 테이프를 조심스럽게 떼어낸다.

10. 첫 번째 푸크시아 줄무늬 아래쪽에 테이프를 두르고 2.5cm(1인치) 밑에 테이프를 또 하나 두른다. 어두운 빨간색 물감으로 그 사이를 칠한다.

11. 물감이 마르면 테이프를 떼어낸다. 뾰족한 붓으로 줄무늬에 칠이 안 된 부분을 메운다.

12. 이제 바구니 둘레를 따라 작은 1.3×7.6cm(0.5×3인치) 줄무늬를 만들 차례다. 테이프로 줄무늬를 넣을 부분을 표시하고, 챙겨둔 스텐실 붓으로 그 사이에 밝은 초록색 물감을 칠한다. (C)

마무리하기

13. 바구니에서 모든 테이프를 떼어낸다. 몇 시간 동안(또는 하룻밤 동안) 물감을 말리고 실외나 환기가 잘 되는 곳에서 바구니에 아크릴 실러를 얇게 뿌린다.

> **힌트**: 밝은 초록색 줄무늬를 덧붙일 때는 자유롭게 칠해보자. 나는 푸크시아와 오렌지 줄무늬 위아래 20.3~35.6cm(8~14인치) 공간마다 초록색 줄무늬를 넣었다.

별이 가득한 벽 인테리어

단순한 패턴으로 벽을 채우면 어떤 곳이든 개성 있는 공간으로 탈바꿈한다. 어두운 초콜릿 브라운 색깔로 대담하면서도 세련된 느낌을 연출해봤는데, 여러분의 취향에 맞게 색깔을 바꿔도 상관없다.

스텐실 재료 투명 스텐실 필름

준비물

아크릴 물감(나는 마사 스튜어트의 멀티 서피스 새틴 아크릴 크라프트 물감에서 바닐라 빈 물감 2병을 사용했다.)

1.9cm(0.75인치) 폼 도버(꾸밀 공간의 크기에 따라 1개 또는 그 이상)

뗐다 붙였다 할 수 있는 접착 스프레이

깔개용 천

스텐실 키트(65페이지 참조)

139페이지의 스텐실 도안

메모: 벽 전체를 채우려면 일주일 정도 걸린다. 비싸지 않은 59밀리리터(2온스)짜리 물감 2통 정도면 가로세로 2.4m(8피트) 벽을 꾸미기 충분하다. 꾸밀 공간에 따라 도버가 서너 개 더 필요할 수도 있다. 패턴을 넣기 전에 벽에 색깔을 칠하고 싶다면 무광택이나 새틴 마감의 표준형 라텍스 페인트를 사용하자. 2번 정도 칠할 수 있는 양을 구입해야 한다.

작업 준비

1. 벽을 칠하지 않을 경우에는 부드러운 천과 다용도 클리너로 벽을 잘 닦은 다음 스텐실을 채워 넣기 전에 잘 말린다. 벽에 색깔을 칠할 경우, 프라이머와 페인트를 제품 설명서에 따라 칠한다.

2. 벽에 페인트칠하기 전에 바닥에 페인트가 떨어지지 않도록 깔개용 천을 깐다.

3. 스텐실 필름에 도안을 베껴 스텐실을 만든다.

A. 스텐실을 돌려가며 칠한다.

B. 벽 전체를 채울 때까지 과정을
반복한다.

C. 필요에 따라 작은 붓으로 다듬는다.

패턴 넣기

4. 접착 스프레이를 스텐실 뒷면에 뿌린다. 벽의 왼쪽 위 구석에 스텐실을 놓고 디자인 중심점을
살피면서 평평하게 붙인다. 간혹 중심점 부분이 벽에 잘 닿지 않는 경우가 있다.

5. 도버에 물감을 조금 묻히고 점을 찍듯 스텐실에 물감을 채워 넣는다. 물감이 살짝 마른 다음
필요하면 한 번 더 칠한다. 물감이 마른 후에 스텐실을 벗겨내고 페인트 잔여물을 닦아낸다.

6. 첫 번째 스텐실로부터 15.2~20.3cm(6~8인치) 간격을 두고 스텐실을 채워 넣는다. 4단계와 5
단계를 반복하면서 벽 전체를 채운다. 몇 번 하고 난 다음, 벽에서 약간 물러나 패턴 간격이 보
기 좋은지 확인한다. 열을 맞춰서 넣는 것보다 자유롭게 넣는 것을 추천한다. 각 모양마다 45
도씩 방향을 틀어서 그려 넣는 것도 좋다. (A)

마무리하기

7. 필요에 따라 접착 스프레이를 좀 더 뿌려서 스텐실을 벽에 고정하며 작업한다. 바닥이나 천정
또는 벽 가장자리의 경우 스텐실을 돌려서 벽에 최대한 가깝게 붙인다. 원하는 부분을 패턴으
로 다 채울 때까지 계속 작업한다. (B)

8. 필요하다면 작은 붓으로 스텐실 가장자리를 다듬는다. (C)

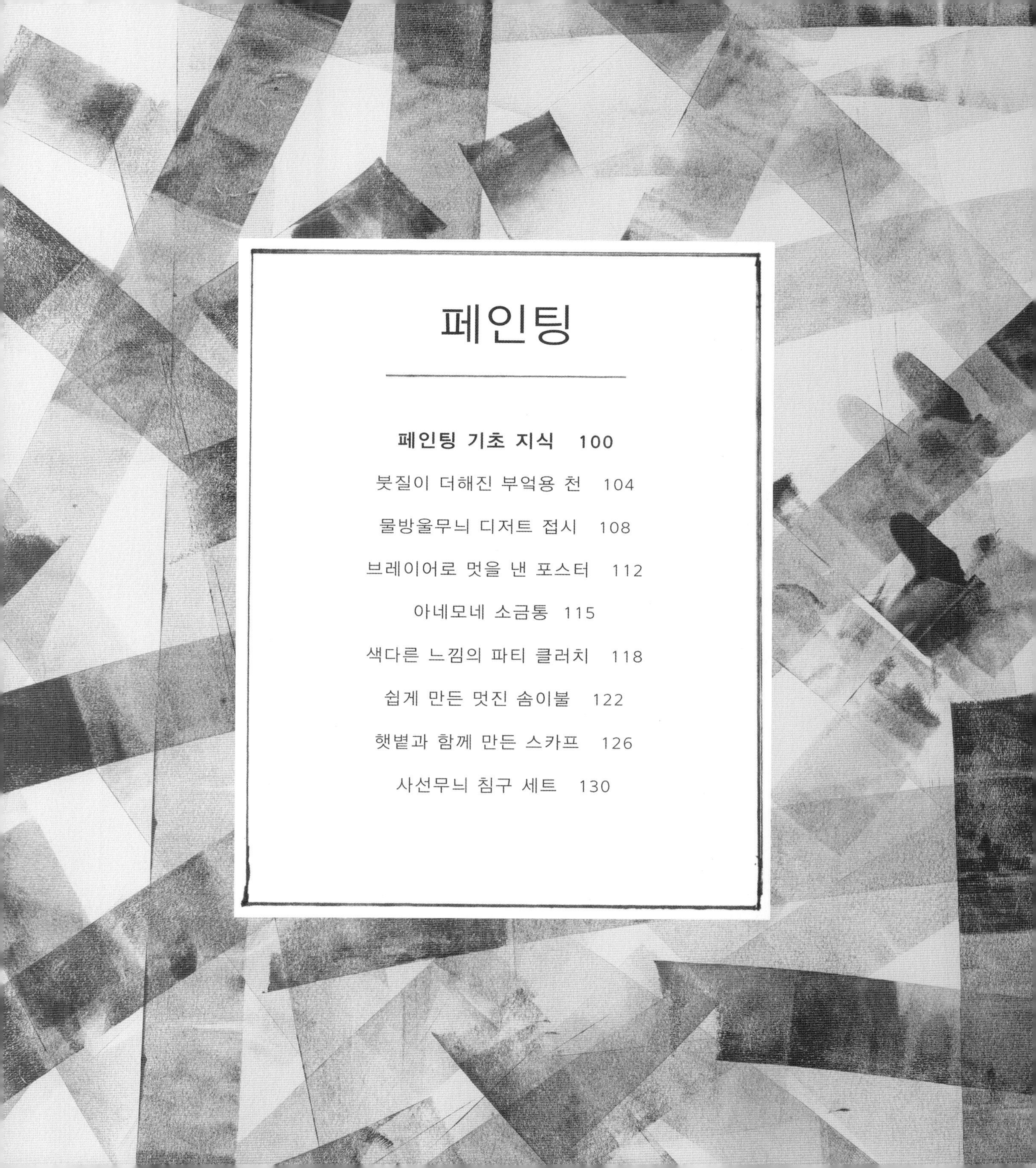

페인팅

페인팅 기초 지식

이 장에서는 패턴을 직접 만들어볼 것이다. 여기서 여러분은 스텐실이나 스탬프처럼 도구를 쓰지 않고, 무엇이든 손수 그려봐야 한다. 여기 있는 작품들은 오로지 여러분의 손과 눈으로 만들어진다. 내가 소개하는 방법을 따라 하면 간단히 만들 수 있다.

손으로 직접 뭔가를 그리는 것이 낯설다면, 이 장에서 여러분이 걱정을 덜고 할 수 있다는 자신감을 가졌으면 한다. 이 책에 나오는 것들을 해보려면 마음을 굳게 먹고 시작해보는 수밖에 없다. 그림 그리기에 이미 자신 있다면, 내 설명을 참고해서 여러분만의 디자인을 금방 만들 수 있을 것이다. 여기서 나온 작품들을 만들어보면서 좀 더 즐겁게 사는 방법을 찾기 바란다.

스케치북

손으로 직접 디자인을 만들 때, 가장 먼저 해야 할 것은 그림 그리는 데 익숙해지는 것이다. 따라서 스케치북은 필수다. 스케치북으로 그림도 그려보고 아이디어도 적어놓자. 사람들은 자라면서 그림 그리는 것을 멈추고, 완벽해 보이지 않으면 그릴 필요도 없다고 생각한다. 그렇게 생각이 점점 굳어지는 것이다. 하지만 절대 그렇지 않다! 얼마나 잘 그리든, 얼마나 그려봤든 상관없이 누구나 사랑스러운 디자인을 만들 수 있다.

집, 병원, 지하철 어디서나 디자인을 연습할 수 있다. 단 몇 분이라도 짬을 내서 펜, 연필, 붓으로 스케치북에 뭐라도 그려보자. 이렇게 자유롭게 그려보면서 마음에 드는 게 있는지 살펴보라. 원, 선, 정사각형 같은 도형인가? 아니면 잎, 구름, 가지 같은 그림인가? 선이 깔끔하거나 울퉁불퉁하거나 자유로운가? 이렇게 그려보면서 어떤 패턴이 만들어지는지 관찰하라. 패턴

을 만들 수 있을 것 같다면, 뒤에 나올 작품에 쓸 만한 스텐실이나 스탬프를 직접 만들 수 있을지 생각해보자.

아이디어를 얻는 방법

스탬프나 스텐실과 달리 페인팅은 특별한 방법이 필요 없다. 붓과 물감으로 모든 작업이 이뤄지고, 가장 중요한 '도구'는 바로 여러분의 상상력이다. 손으로 그려서 뭔가를 그리는 게 낯설다면, 아래 제시하는 방법이 도움이 될 것이다. 다음 4가지 방법을 읽어보고, 스케치북에 직접 해보며 결과를 기록하자.

1. 간단하게 생각하라

손으로 패턴을 그렸을 때 보기 좋은 것은 가장 단순한 패턴이다. 보통 쓰이는 것이 줄무늬, 물방울무늬, 격자무늬 같은 도형인데, 결과물이 한결같고 멋지게 나오는 편이다. 이 장에 나오는 패턴들은 일부러 단순하고 쉽게 만들어서 별다른 기술이 필요 없다.

연습하기: 도형을 그리는데, 한 페이지에 여러 형태를 조합하거나 형태 하나씩 집중적으로 그려본다.

스텐실 재료와 도구

1. 브레이어와 아크릴 물감 2. 아크릴 아티스트 팔레트 3. 꽃
모양 플라스틱 팔레트 4. 붓 5. 텍스타일 물감 6. 깔개용 천
7. 물감 견본(위: 리넨에 발랐을 때, 중간: 캔버스에 발랐을 때, 아래: 실
크에 발랐을 때)

2. 불규칙해도 상관없다

패턴이 울퉁불퉁해도 상관없다. 오히려 이런 것들이 개성과 매력을 살려준다. 만든 사람의 흔적이 있으면 패턴이 생생하게 느껴지고, 완전하지 않거나 '실수' 같은 것들도 오히려 보는 사람에게는 더욱 흥미롭게 다가온다.

연습하기: 단순한 디자인을 선택해서 페이지 전체에 패턴을 넣어본다. 완벽하게 그리려 하지 말고 편안한 마음으로 그려보자. 완전하지 못한 부분이 오히려 여러분의 개성을 살려준다는 것을 알게 될 것이다.

3. 아이디어는 어디에나 있다

돌, 잎, 종이, 성냥개비, 동전 같은 입체적인 사물을 사용해서 그려 보면 손으로 디자인하는 데 금방 익숙해질 수 있다. 아이디어를 줄 만한 물건을 사진으로 찍어두거나 스케치북에 그려놓자. 그리고 어떤 과정으로 디자인하였는지 기록해두면 나중에 다시 만들 때 기억해내기 쉽고, 다른 패턴을 만들 때 활용할 수 있을 것이다.

연습하기: 테이블이나 바닥 같은 평평한 표면에 사물을 놓는다. 성냥개비로 무슨 패턴을 만들 수 있을까? 한 줄로 늘어놓거나 쌓아놓거나 겹쳐놓거나 아무렇게 던져놓았을 때 어떻게 보이는가? 돌이나 동전을 줄처럼 늘어놓거나 점처럼 흩어놓을 수도 있다. 이 연습은 126페이지의 햇볕과 함께 만든 스카프를 만들 때 도움이 될 것이다. 좀 더 복잡한 패턴을 만들려면 2가지 형태를 같이 사용해도 된다.

4. 도구를 테스트한다

작업하기 전에 재료와 도구와 익숙해져야 한다. 세라믹에 사인펜을 쓰면 어떤 느낌인지, 붓에 물감을 묻혀 코튼과 거친 캔버스에 각각 뭔가를 그려보고 어떻게 다른지 파악해야 한다. 재료의 모양새와 느낌을 하나하나 알아가면서 작품을 좀 더 잘 만들 수 있는 소중한 정보를 얻는 셈이다.

여러분이 작업할 천이 최종 결과물에 큰 영향을 끼치게 된다. 안료가 재료마다 달라지는 것을 잘 살펴보자. 위: 캔버스, 중간: 실크, 아래: 리넨.

이제 시작해보자

여러분이 하고 싶은 것부터 시작해보자! 사용할 도구와 안료는 13페이지에서 이미 다뤘으니 필요에 따라 그 부분을 참고하기 바란다. 필요한 용품은 작품 설명에 각각 소개할 것이다. 물론 작업 공간도 준비해야 하고 앞의 장에서와 마찬가지로 작업대 위도 정리해야 한다.

세라믹 소금통(115페이지의 아네모네 소금통)에 그림을 그리거나 멋진 캔버스와 가죽 소재의 클러치(118페이지의 색다른 느낌의 파티 클러치)에 페인팅하면서 작업을 시작해보자. 아니면, 바로 큰 크기의 작업을 시작해서 이불과 베게 세트(130페이지의 사선무늬 침구 세트)를 손수 만들 수도 있다. 작업해보고 싶은 것들을 찾아서 집의 분위기를 바꿔보거나 옷에 직접 페인팅으로 패턴을 넣어보자.

붓질이 더해진
부엌용 천

보송보송한 코튼 티 타월로도 부엌의 분위기를 화사하게 바꿀 수 있다. 단순히 붓질만 했을 뿐인데 밝은 색깔을 썼더니 꽤 근사한 작품이 나왔다. 천에 처음 페인팅을 해볼 때 작업하기 적당한 작품이다. 한번 페인팅을 시작하면 멈추기 쉽지 않기 때문에 마른 티 타월 천을 여러 장 준비하는 게 좋다. 누군가에게 선물하기 좋아서 여러 장 만들어두는 것도 나쁘지 않다.

준비물

최소 1.1×1.1m(44×44인치) 넓이의 100% 면모슬린 1.6m(1.75야드)

텍스타일 물감에서 3가지 색깔(나는 자카드 텍스타일 컬러의 스카이 블루와 옐로 오커 컬러를 사용했다.)

아크릴 아티스트 팔레트 또는 플라스틱 컵

플라스틱 스푼

1.9cm(0.75인치) 납작붓

깔개용 천, 신문지 또는 크라프트지

물 1병

천 또는 종이 수건

다리미

재봉틀과 실 등 관련 용품

메모: 이만큼의 면모슬린으로 티 타월 4개와 페인팅용 자투리 천까지 확보할 수 있다. 잘라서 바느질하기 싫다면 모슬린 대용으로 부대를 만들 때 쓰는 코튼 소재 티 타월을 써도 좋다.

페인팅 준비

1. 면모슬린을 세탁하고 말린 후 다림질한다. 그다음, 천을 각각 48.3×66cm(19×26인치)의 직사
   각형 4개로 자른다. 남은 모슬린은 연습용으로 남겨둔다.

2. 작업대에 깔개용 천이나 종이를 깐다. 페인팅을 시작하기 전에 혼합하여 쓸 텍스타일 물감을
   완전히 섞는다. (A)

   밝은 파랑은 파란색 물감 1테이블스푼(14.8㎖), 하얀색 물감 0.5티스푼(2.5㎖), 물 1테이블스푼
   (14.8㎖)을 섞는다. 필요에 따라 하얀색 물감을 0.5티스푼(2.5㎖)씩 넣어가며 원하는 색깔이 될
   때까지 잘 섞는다.

   어두운 초록은 파란색 물감 1테이블스푼(14.8㎖), 노란색 물감 0.5티스푼(2.5㎖), 물 1테이블스
   푼(14.8㎖)을 섞는다. 필요에 따라 노란색 물감을 0.5티스푼(2.5㎖)씩 넣어가며 원하는 색깔이
   나올 때까지 잘 섞는다.

   아쿠아는 파란색 물감 1테이블스푼(14.8㎖), 하얀색 물감 1테이블스푼(14.8㎖), 노란색 물감
   0.5티스푼(2.5㎖), 물 1테이블스푼(14.8㎖)을 섞어서 만든다.

3. 면모슬린에 물감을 한번 칠해본다. 색깔이 만족스럽게 나왔다면 몇 번 더 연습한 다음, 본격
   적으로 작업해보자.

A. 물감을 섞는다.

B. 패턴을 칠해본다.

C. 물감을 열처리한다.

패턴 넣고 마무리하기

4. 작업대에 면모슬린 천 하나를 놓고 주름이나 구김살을 편다. 색깔 하나를 골라 왼쪽 사진에
   보이는 패턴을 참고하여 티 타월에 칠해본다. 물감을 바꿀 때마다 붓을 씻고 말리면서(또는 물
   감마다 다른 붓을 써가면서) 모든 티 타월을 꾸며보자. 그다음, 타월이 완전히 마르도록 둔다. (B)

5. 제품 설명서에 따라 텍스타일 물감을 열처리한다. (C)

6. 티 타월 가장자리에 단을 좁게 넣고 마무리한다.

물방울무늬
디저트 접시

밋밋한 접시에 손으로 점을 하나하나 그려 넣어 꾸몄다. 금속의 느낌을 내기 위해 골드 테두리가 있는 접시를 골라, 거기에 밝은 코랄 오렌지 물감으로 패턴을 넣었다. 여러분이 갖고 있는 접시 세트에 해봐도 되고, 낱개로 된 접시에 패턴을 넣어 한 세트처럼 만들 수도 있다.

준비물

21.6cm(8.5인치) 지름의 하얀색 디저트 접시 4개

아크릴 물감(나는 마사 스튜어트의 멀티 서피스 새틴 아크릴 크라프트 물감에서 제라늄을 사용했다.)

6mm(0.25인치) 폼 도버

연습용 세라믹 접시

6mm(0.25인치) 또는 더 작은 촘촘한 물감 붓

아크릴 아티스트 팔레트

소독용 알코올

약솜

면봉

페인팅 준비

1. 뜨거운 비눗물에 접시를 씻은 다음, 완전히 말린다. 그다음, 약솜에 소독용 알코올을 적셔 접시 전체를 닦아 때와 기름기를 제거한다.

2. 아티스트 팔레트에 동전 크기만큼 물감을 담고 폼 도버 끝에 약간 묻힌다. 연습할 접시에 도버 끝을 약하게 톡톡 두드리면서 물감이 도버에 고르게 퍼지도록 한다.

3. 필요에 따라 잉크를 더 묻히고 접시에 패턴을 연습한다. 도버의 스펀지가 접시에 평평하게 닿도록 약하게 눌렀다가 수직으로 든다. 접시에 물감이 불투명한 원형으로 묻어야 한다. 색깔이 너무 약하면 물감을 더 묻히고 물감이 너무 많으면 약간 찍어내면서 고른 결과가 나올 때까지 계속 연습한다. **(A)**

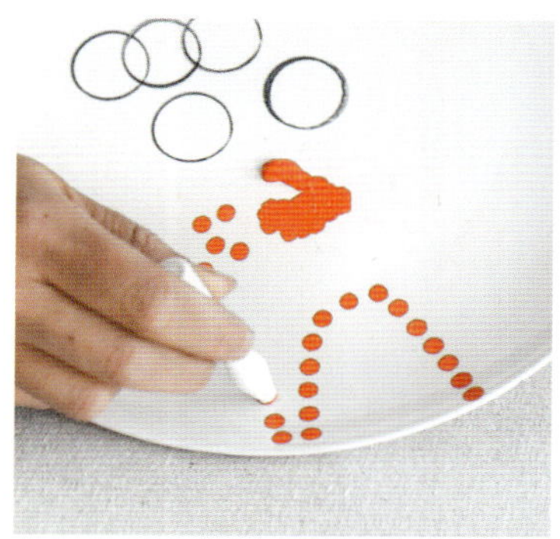

A. 패턴을 연습한다.

B. 접시에 점을 찍는다.

C. 디자인을 다듬는다.

패턴 넣고 마무리하기

4. 도버에 물감을 묻히고 2단계에서처럼 톡톡 두드린다. 접시 가장자리를 따라 U자형으로 점을 찍는다. 3단계에서처럼 접시 표면에 도버의 스펀지 끝이 수직으로 놓여야 한다. 이렇게 21.6cm(8.5인치) 크기의 접시에 약 10개의 U자 모양을 만드는데, 각 모양의 너비는 3.8~5.1cm(1.5~2인치), 길이는 5.1cm(2인치) 정도 되도록 한다. 물감을 다시 묻히고 톡톡 두드리며 점을 계속 찍는다. **(B)** 모양이 똑같지 않아도 상관없다.

5. 접시 하나를 다 끝내면 옆에 둬서 말리고 다른 접시에도 점을 찍는다. 마음에 들지 않는 부분이 있으면 물감이 아직 마르지 않았을 때 젖은 면봉으로 지운다. 이후 그 부분이 마르면 다시 점을 채워 넣는다.

6. 필요에 따라 끝이 가는 붓으로 물감이 안 묻거나 덜 묻은 부분을 다듬는다. **(C)**

7. 제품 설명서에 따라 물감을 열처리하거나 말린다. 거친 수세미 같은 것 말고 손으로 닦아야 접시의 무늬가 오래간다.

ART AS ART
THE SELECTED WRITINGS OF AD REINHARDT   EDITED BY BARBARA ROSE   CALIFORNIA
MARGARET KILGALLEN: IN THE SWEET BYE & BYE
BEAUTIFUL LOSERS   ROSESTRIKE
CENTURY OF THE CHILD   MoMA

브레이어로 멋을 낸 포스터

잉크가 묻은 브레이어를 종이에 밀었을 때 재미난 모양이 생기는 것을 보고 영감을 얻어 이 작품을 만들었다. 아이들과 함께 만들기 좋고, 다른 작품에서 쓰고 남은 잉크를 활용하기에도 좋다.

준비물

61×91.4cm(24×36인치)짜리 판화용 하얀색 래그 페이퍼 3장[나는 라이브스(Rives) BFK 제품을 사용했다.]

원하는 색깔의 잉크나 물감

3.8cm(1.5인치) 브레이어

아크릴 아티스트 팔레트

신문지

깔개용 천(또는 신문지)

메모: 판화용 고급 종이를 추천한다. 좋은 종이는 생각보다 그리 비싸지 않다. 또, 여러분이 언제 걸작을 만들지 모르니까 미리 준비해두는 것도 나쁘지 않다!

페인팅 준비

1. 깔개용 천이나 신문지로 작업대를 덮는다.

2. 아티스트 팔레트에 동전 크기만큼 잉크나 물감을 짜 넣는다. 브레이어 아랫부분에 안료를 조금 묻힌 뒤 팔레트 위에서 앞뒤로 굴린다. 그다음, 브레이어를 들어 올려서 브레이어에 안료가 고르게 발리도록 한다. (A)

3. 신문지에 연습해본다. 종이에 브레이어를 굴리면 어떤 느낌인지 확인해보고, 여러 선과 모양을 만들어본다. (B)

A. 브레이어 표면에 안료를 고르게 바른다.

B. 신문지에 한번 연습해본다.

C. 자유롭게 패턴을 만들어본다.

패턴 넣고 마무리하기

4. 작업대 위를 정리하고 래그 페이퍼를 평평하게 깐다. 2단계에서처럼 브레이어에 안료를 묻히고 종이 위에 굴린다. 정해진 규칙은 없으니 재미있게 만들어보자. 그림이 만족스러우면 다음 종이로 넘어간다. (C)

5. 물감을 바꿀 때마다 브레이어와 아티스트 팔레트를 깨끗이 씻고 말린다. 그리고 다음 종이에 원하는 대로 계속 칠한다.

6. 액자 안에 넣거나 벽에 걸기 전에 작품을 완전히 말린다.

아네모네 소금통

평소에 쓰기 편한 소금통을 쓰더라도, 집에 손님이 왔을 때 테이블에 놓으면 멋져
보이는 소금통도 갖고 있으면 좋다. 해변에서 볼 수 있는 물웅덩이에서 영감을 받
아 파랑과 하양을 조합하여 바다가 떠오르게 그림을 그려봤다.

준비물

7.6×6.4cm(3×2.5인치)짜리 하얀색 세라믹 소금통(142페이지의 추천 웹사이트 참조)

에나멜페인트 마커[나는 페베오 포슬린(Pebeo Porcelaine)의 150 페인트 마커(150 Paint Marker)에서 라피스 블루(Lapis Blue) 색깔을 사용했다.]

스케치북과 펜 또는 연필

연습용 세라믹 그릇

약솜

소독용 알코올

아세톤 매니큐어 제거제

페인팅 준비

1. 스케치북에 백 원짜리 동전 크기만 한 원을 그린다. 그다음, 그 원 안에 작은 원을 약간 중심에서 벗어난 위치에 그린다.

2. 바퀴살 같은 작은 선들로 두 원을 연결한다. 원이나 선이 비뚤어도 상관없다. 이런 불완전함이 오히려 개성을 살려준다.

3. 큰 원의 바깥 가장자리가 서로 살짝 닿고 모양이 어우러지도록 신경 쓰면서 여러 개 그려본다. 원하는 만큼 많게 또는 적게 그릴 수 있는데, 보통 홀수 조합(3, 5, 7 등)이 눈에 보기 좋다. 스케치북에 더 크게 또는 더 작게 여러 가지 크기로 패턴을 그려보자. 그리다 보면 영감을 얻어 다른 작품에 써볼 수도 있다. **(A)**

4. 연습용 그릇과 본격 작업에 쓸 그릇을 뜨거운 비눗물로 씻고 완전히 말린다. 그다음, 약솜에 소독용 알코올을 적셔서 그릇을 닦는다. 그릇 표면에 기름기나 잔여물이 있으면 그림을 그릴 때 불편하고 잘 그려지지도 않는다.

5. 마커를 잘 흔든 다음, 마커 끝을 아래로 놓는다. 마커는 처음 사용할 때 미끄러울 수 있기 때문에 연습용 그릇에 몇 번 써보면서 감을 익혀야 한다. 1분 정도 끄적이면서 손을 풀고, 그릇에 패턴을 연습해보자.

A. 디자인을 그려본다.

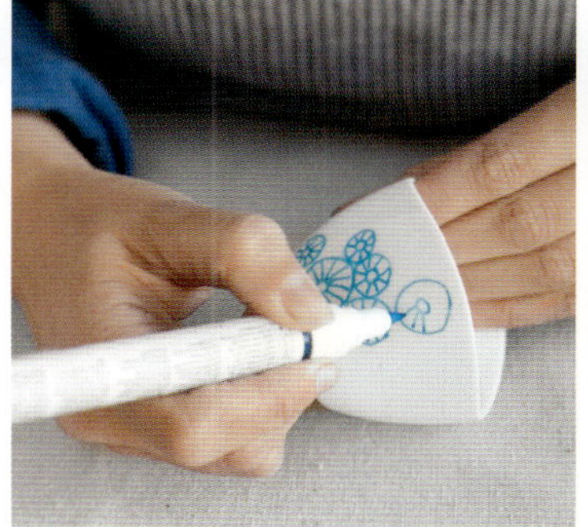

B. 그릇에 패턴을 그린다.

C. 원할 경우 그릇 안쪽에도 장식한다.

패턴 넣기

6. 펜이 손에 익숙해지면, 이제 그릇에 패턴을 그려보자. 너비 5.1cm(2인치), 높이 3.8cm(1.5인치) 정도의 원을 여러 개 그린다. 장식하고 싶은 부분을 먼저 파악하고 그쪽에서부터 다른 쪽으로 작업해나가면 수월할 것이다.

7. 소금통에 패턴을 계속 그려 넣는다. (B) 실수한 부분이나 어색한 부분이 있다면, 마커가 마르기 적에 약솜에 매니큐어 제거제를 적셔서 지운다. 매니큐어 제거제가 완전히 마른 다음, 다시 패턴을 그려 넣는다.

8. 재미난 것을 덧붙이고 싶다면, 그릇 안쪽에도 패턴을 작게(십 원짜리 동전만 한 크기로) 그려 넣는다. (C)

마무리하기

9. 그림이 만족스럽게 나왔다면, 완전히 말려서 제품 설명서에 따라 소금통을 열처리한다. 그릇이 완전히 식으면 바로 사용할 수 있다.

> **힌트**: 이 패턴으로 세라믹 양념통 세트를 만들어볼 수도 있다.

색다른 느낌의
파티 클러치

간단한 외출에서부터 칵테일파티에 이르기까지 어떤 경우에도 잘 어울리는 파우치다. 여러분이 원하는 색깔과 패턴으로 바꿔서 만들어도 좋다. 가죽으로 클러치 아랫부분을 감싸서 물감을 칠한 부분에 때와 얼룩이 생기지 않도록 하였다. 탄력 있는 가죽을 쓰면 세련된 느낌도 들고, 피부에 닿았을 때 감촉도 좋다.

준비물

최소 1.1×1.1m(44×44인치) 넓이의 세탁하지 않은 천연 코튼 캔버스 45.7cm(0.5야드)

텍스타일 물감(나는 자카드 다이나 플로우의 새먼 색깔을 사용했다.)

털이 뻣뻣한 1.3cm(0.5인치) 평붓

깔개용 천 또는 신문지

다리미

8.9×31.8cm(3.5×12.5인치) 크기의 물감 색깔에 맞는 부드러운 가죽 2개

물감과 같은 색깔이나 안감으로 쓸 만한 30.5×30.5cm(0.33×0.33야드) 크기의 천

6mm(0.25인치) 투명 양면 바느질 테이프

27.9cm(11인치) 길이의 브라스 지퍼

재봉틀과 실, 가죽 바늘 등 관련 용품

페인팅 준비

1. 캔버스에서 21.6×31.8cm(8.5×12.5인치) 크기의 직사각형 여러 개를 잘라낸다. 안감 천에서도
   직사각형 2개를 각각 21.6×31.8cm(8.5×12.5인치) 크기로 자른다.

2. 텍스타일 물감이 묻지 않도록 작업대 위에 깔개용 천이나 신문지를 덮는다.

A. 내리긋듯 캔버스를 칠한다.

B. 가죽을 캔버스에 고정한다.

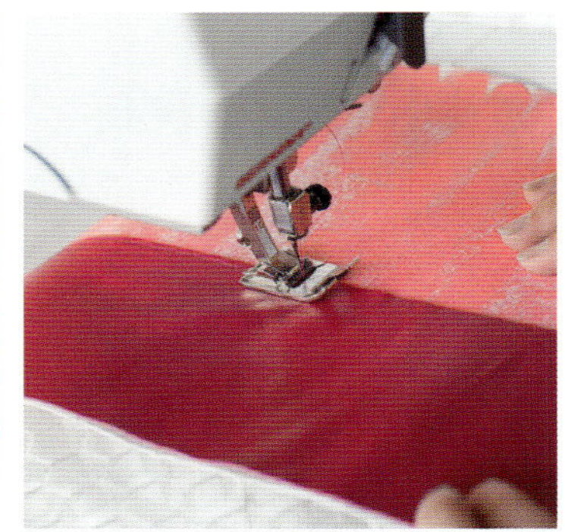

C. 캔버스에 가죽을 바느질한다.

패턴 넣기

3. 여기서는 물감을 병에서 바로 사용하기 때문에 먼저 물감 병을 잘 흔들어야 한다. 그다음, 붓
   끝에만 물감을 묻힌다. 캔버스의 긴 쪽을 가로로 놓고, 그 위에 왼쪽에서 오른쪽으로 붓질한다.
   붓질을 할 때는 붓을 위아래로 왔다 갔다 하며 칠한다. 한번 칠하기 시작하면 망설이지 말자!
   필요에 따라 붓에 물감을 더 묻히면서 캔버스 전체를 위아래로 내리긋듯 채운다. (A)

4. 캔버스 직사각형 2개를 나름 서로 비슷해 보일 때까지 붓질한다. 물감이 마르면서 캔버스가
   휠 수 있다. 물감이 완전히 마르면 캔버스를 다림질해서 펴고, 제품 설명서에 따라 물감을 열
   처리한다.

마무리하기

5. 각 가죽 뒷면의 긴 가장자리에 바느질 테이프를 붙인다. 테이프의 뒷면 종이를 떼어내고 각 캔
   버스 위에 하나씩 테이프를 붙인 면이 아래로 오도록 놓는다. 그다음, 손가락으로 눌러 자리를
   잡는다. 양면테이프를 붙이면 바느질할 때 가죽이 고정된다. (B)

6. 재봉틀에 가죽 바늘을 꽂고 캔버스와 가죽이 만난 부분에 겉바느질을 넣는다. 천천히 바느질
   하면서 가죽이 늘어나지 않도록 한다. 두 번째 가죽과 캔버스에도 같은 과정을 반복한다. (C)

7. 바늘을 가죽 바늘에서 보통 재봉틀 바늘로 바꾸고 안감 천을 준비한다. 재봉틀에 지퍼 노루발
   을 놓는다.

8. 겉면이 위로 향하게 안감을 놓고, 지퍼를 그 위에 놓는다. 그리고 안감 가장자리와 지퍼 띠 가 장자리를 맞춘다. 그다음, 그 위에 겉감의 캔버스 쪽을 놓고 가장자리를 맞춘다. 즉, 안감, 지 퍼, 겉감 캔버스 쪽의 가장자리를 맞추는 것이다. 지퍼는 안감과 캔버스 사이에 샌드위치처럼 끼어 있어야 한다. (D)

9. 뒤집어서 6mm(0.25인치) 안쪽으로 겹쳐진 부분을 바느질한다. 다시 뒤집어서 지퍼를 앞으로 한 다음, 손가락으로 누르거나 핀을 꽂아서 남은 부분을 바느질할 때 방해되지 않도록 한다.

10. 8단계 과정을 반복해서 지퍼의 다른 쪽도 바느질한다. 이때, 지퍼가 안감의 왼쪽에 있어야 한 다. (E) 똑같이 6mm(0.25인치) 안으로 가장자리를 바느질한다.

11. 기본 재봉틀 노루발로 바꾸고, 지퍼를 열고 백을 접는다. 안감 겉면과 겉감 겉면이 각각 서로 마주 보도록 펼치면 긴 직사각형 모양이 된다. 바느질하기 전에 가장자리에 핀을 꽂고 안감 쪽으로 지퍼 띠를 접는다. (F)

12. 뒤집기 위해 안감 바닥 쪽만 빼고, 1.3cm(0.5인치) 너비로 솔기를 만들면서 클러치 가장자리 를 따라 바느질한다. 그다음, 겉감이 밖으로 나오도록 뒤집는다.

13. 안감의 바느질하지 않은 부분에 겉바느질을 넣고 백 안쪽으로 밀어 넣는다. 필요에 따라 평 평해질 때까지 지퍼의 솔기를 다듬는다.

14. 원한다면 지퍼에 6mm(0.25인치) 간격을 두고 겉바느질을 넣어서 안감을 고정한다.

D. 지퍼를 안감과 캔버스 사이에 끼운다.   E. 반대쪽에도 반복한다.   F. 안감과 캔버스 가장자리에 핀을 꽂는다.

힌트: 대부분의 캔버스에는 줄어들거나 늘어나지 않게 하는 보호층이 있어서 물감이 천 에 잘 스며들지 않을 수 있다. 털이 뻣뻣한 붓으로 캔버스 천에서 물감을 밀어내듯 칠하 면, 완성된 클러치에서처럼 그림 같은 효과를 낼 수 있을 것이다.

쉽게 만든 멋진 솜이불

점심시간 동안 칠하고 바느질해서 알록달록하고 큼직한 솜이불을 쉽게 만들 수 있다. 만들어두면 아이와 부모 모두에게 소중한 물건이 될 것이다.

준비물

최소 1.1×1.1m(44×44인치) 넓이의 이불 앞면용 샷 코튼 shot cotton 1.8m(2야드) (나는 연한 분홍과 밝은 회색을 사용했다.)

텍스타일 물감에서 3가지 색깔(나는 자카드 다이나 플로우 물감을 사용했다.)

2.5cm(1인치) 평붓 3개

꽃모양의 플라스틱 팔레트 또는 플라스틱 컵

최소 1.1×1.1m(44×44인치) 넓이의 이불 뒷면용 샷 코튼 1.8m(2야드)

유아침대 사이즈의 100% 코튼 이불솜 패키지 1개, 중간 무게

재봉틀과 실을 비롯한 관련 용품

선택한 색깔의 자수실 한 타래

큰 자수바늘

지워지는 패브릭 마커

아크릴 자 또는 나무 자

깔개용 천

타월(바닥에서 작업할 경우)

아티스트 테이프(바닥에서 작업할 경우)

노트: 샷 코튼은 한 가지 색깔의 날실과 또 다른 색깔의 씨실로 헐겁게 짜인 천이다. 마치 '발사' 하듯 쏟아지는 선명한 색깔이 특징이다. 헐거운 조직이 안료를 잘 흡수하고, 깊이 있는 색깔이 모든 패턴에 훌륭한 바탕을 만들어주기 때문에 페인팅에서는 완벽한 캔버스다. 샷 코튼에는 각 물감 색깔마다 붓을 따로 쓰는 것이 좋다.

페인팅 준비

1. 샷 코튼을 1.1×1.5m(46×60인치)로 잘라서 다림질하여 주름을 없애고 옆에 둔다. 남은 천은 연습용으로 쓴다.

2. 깔개용 천으로 작업 공간을 덮는다. 길이가 1.2m(4피트) 정도 되는 커다란 테이블 위에서 작업하는 것이 가장 좋다. 바닥에서 작업해야 한다면 무릎 밑에 깔 수 있는 타월을 준비하면 좋다. (나는 앉은 자세로 테이블 위에서 칠했는데, 아직 칠하지 않은 부분은 무릎에 올려놓고 바닥에 떨어지지 않도록 했다. 바닥에서 작업할 때는 샷 코튼 윗면을 평평하게 펴고 가장자리를 깔개용 천에 테이프로 붙여서 칠할 때 천이 움직이지 않도록 한다.)

3. 물감을 섞는다. 나는 물감을 색깔별로 3테이블스푼(44.3㎖)씩 넣고, 여기에 물 1테이블스푼(14.8㎖)을 넣고 섞었다. 물감을 섞었다면, 자투리 천에 색깔마다 다른 붓으로 연습해본다. 코튼 위에서는 물감이 마르면 살짝 밝아진다. 물감이 완전히 마르면 색깔을 살펴보고, 원하는 색깔이 나올 때까지 연습한다. 필요에 따라 물감과 물의 비율을 조절한다.

A. 자로 길이를 재가며 정사각형을 칠한다.

B. 색깔별로 정사각형을 칠한다.

C. 필요에 따라 실에 매듭을 짓는다.

패턴 넣기

4. 위에서 2.5cm(1인치), 옆에서 5.1cm(2인치) 정도 간격을 두고 샷 코튼 앞면의 짧은 가장자리를 따라 왼쪽에서 오른쪽으로 작업한다. 이불 앞면에 10.2cm(4인치) 정사각형들을 2.5cm(1인치) 간격으로 물감을 바꿔가며 한 줄로 칠한다. 자로 재가며 하되, 자 때문에 천에 물감이 번지지 않도록 조심한다. **(A)**

5. 물감이 마르면(헤어드라이어로 빨리 말려도 된다) 그 부분을 아코디언처럼 접으면서 나머지 부분을 칠한다. 이불 앞면을 채울 때까지 3가지 물감으로 정사각형을 그린다. **(B)**

6. 천이 마르면 제품 설명서에 따라 열처리하고 옆에 둔다.

마무리하기

7. 이불을 누비기 위해 이불 앞면만큼 뒷면용 천을 자른다. 겉면끼리 서로 맞대고, 그 위에 이불솜을 놓는다. 주름을 펴가며 가장자리를 똑바로 정리한 다음, 사방으로 핀을 꽂는다.

8. 1.3cm(0.5인치) 너비로 솔기를 만들면서 천을 잇는다. 바닥 부분에는 40.6cm(16인치) 정도 바느질하지 않고 남겨둔다. 그 부분 끝에 핀을 꽂아서 바느질을 멈춰야 할 부분을 표시한다.

9. 천 구석을 필요에 따라 잘라내고 바느질하지 않은 부분을 뒤집어 겉면이 나오도록 한다. 그리고 천 가장자리를 다려서 평평하게 편다. 바느질하지 않은 부분의 가장자리를 눌러 핀을 꽂는다.

10. 구석에서 시작해서 6mm(0.25인치) 너비로 솔기를 만들면서 이불 둘레를 따라 겉바느질을 놓는다.

11. 원할 경우 지워지는 패브릭 마커로 자수 매듭을 넣을 부분을 표시한다. 그다음, 25.4cm(10인치)마다 매듭을 넣는다. 자수바늘로 7.6cm(3인치) 정도 실을 남기고 겉면에서 바늘을 꽂아 바느질하고, 6mm(0.25인치) 거리를 두고 다시 뒷면에서 바늘을 꽂아 바느질한다. 이중 매듭으로 묶고 6mm(0.25인치) 정도 실을 남기고 나머지 실을 잘라낸다. (C)

12. 표시한 부분마다 매듭을 넣는다. 제품 설명서에 따라 마커 자국을 지운다. 물감을 칠한 이불 앞면은 변색되지 않지만, 그래도 오래 쓰고 싶다면 손세탁을 권한다.

햇볕과 함께 만든 스카프

햇볕은 마술과도 같다. 밋밋한 천이 햇살 아래서 선명한 색깔로 바뀌는 걸 볼 때마다 황홀한 기분이 든다. 또, 어떤 것으로 빛을 막아서 만든 패턴도 아름답다. 여기서는 햇볕이 만드는 마술 같은 과정을 통해 코튼 보일VOILE(성기게 짜서 비쳐 보이는 얇고 가벼운 직물-옮긴이)로 인상적인 스카프를 만들었다. 또, 동전으로 빛을 막아서 물방울무늬를 넣었다.

준비물

최소 1.3×1.3m(54×54인치) 넓이의 옅은 색 코튼 보일 1.8m(2야드)

감광 염료에서 4가지 색깔[나는 자카드 솔라페스트(SolarFast)에서 파란색 염료를 사용했다.]

세제 1병[나는 자카드 솔라페스트의 워시(Wash)를 사용했다.]

동전 300개(또는 비슷한 크기의 둥근 물체)

줄자 또는 자

가위

7.6cm(3인치) 또는 더 큰 붓

유리병 또는 그릇

깔개용 비닐

바늘과 실 또는 재봉틀과 관련 용품

노트: 맑은 날 작업하는 것을 추천한다. 실외나 커다란 창문이 있어서 햇살이 비치는, 스카프를 놓을 수 있는 방에서 작업해야 한다. 실내에서 작업할 경우 환기가 잘 돼야 한다. 햇빛이 얼마나 있느냐에 따라 결과가 달라진다. 실내에서 작업하면 햇빛이 약해져서 색깔이 약하게 나올 수 있다. 얼마나 색깔이 진했으면 하는지, 또 얼마나 패턴이 또렷했으면 하는지에 따라 햇빛에 천을 얼마큼 오래 둘지가 결정된다. 미리 연습해보면 도움이 된다.

페인팅 준비

1. 보일을 천 너비에 따라 큰 정사각형으로 자른다. 여러분이 갖고 있는 코튼의 폭이 1.3m(54인치)라면 그만큼 정사각형으로 자른다. 여기서 만든 스카프의 넓이는 1.4×1.4m(56×56인치)다.

2. 나머지 천을 15.2cm(6인치)나 그보다 크게 정사각형으로 잘라서 연습용으로 둔다. 냅킨을 만들거나 다른 바느질 공예에 쓸 수도 있으니 이를 감안해서 잘라야 한다.

3. 실외에서 작업할 경우에는 바닥에 비닐을 깔고, 실내에서 작업할 경우에는 햇빛이 잘 드는 창문 앞바닥에 비닐을 깐다.

4. 염료를 유리병이나 그릇에 담고 그 안에 붓을 담근다. 연습용 천에 칠해서 흡수가 잘되는지 확인한다. 그다음, 연습용 천을 염료에 담가 꺼내고 그 위에 동전을 여기저기 뿌린다. (A)

5. 연습용 천으로 여러 견본을 만들어서 햇볕에 원하는 파란색이 나올 때까지 둔다. 햇빛의 양을 달리해서 견본을 놔보고 본 작업을 하기 전에 미리 확인해놓는 것이 좋다. 처음 햇볕에 놓은 천들은 몇 분 뒤에 걷어낸다. 결과를 기록해두는 것도 좋다.

6. 견본에 원하는 색깔이 나오면 동전들을 들어내고 천을 아주 뜨거운 물에 담근다. (견본을 헹굴 때 동전을 거둬도 된다!) 세제 뚜껑 하나 또는 2개 정도 양의 세제(또는 제품 설명서에서 제시하는 권장량)를 붓고 최대한 뜨거운 물로 견본들을 헹구면서 최소 10분 동안 흐르는 물에 계속 흔든다. 색깔이 고정되면 깨끗한 찬물에 헹군다.

7. 견본이 마를 동안 젖은 종이 타월로 비닐에 남은 염료를 닦아낸다. 스카프를 본격적으로 작업하기 전에 주변이 깨끗하고 마른 상태여야 한다.

8. 최종 스카프에 쓸 만한 견본을 고른다.

A. 견본을 만든다.

B. 스카프 천에 염료를 바른다.

C. 동전(빛을 막는 도구)을 보기 좋게 놓는다.

패턴 넣고 마무리하기

9. 그늘에 비닐을 펼치고 그 위에 스카프를 놓는다. 붓으로 염료를 칠하는데, 나는 자유롭게 칠해서 붓의 질감이 드러나도록 했다. **(B)**

10. 각 동전을 2.5cm(1인치)에서 5.1cm(2인치) 정도 간격을 두고 자유롭게 놓는다. 동전을 쓰면 정확한 물방울 무늬를 만들 수 있고, 동전의 무게 때문에 천이 평평하게 유지된다. 나는 스카프 오른쪽 위 구석에서부터 시작하여 가장자리를 따라 작업했다.

11. 동전을 더 놓을지 아니면 들어낼지 확인한다. 보기 좋게 동전의 자리를 잡는다. **(C)**

12. 원하는 파란색이 나올 때까지 햇빛에 두고, 몇 분 후에 동전을 들어내어 잘 칠해졌는지 확인한다. 젖은 스카프는 만 다음 동전들은 따로 그릇에 담아 6단계에서처럼 제품 설명서대로 세제로 문지른다. 이후 스카프를 깨끗한 물로 헹구고 말린다.

13. 손이나 재봉틀로 스카프 가장자리를 따라 단을 좁게 넣는다. 스카프를 착용하기 전에 세탁기로 한 번 더 세탁한다.

다양한 물건으로 빛을 막아서 흥미로운 패턴을 만들어보자.

사선무늬 침구 세트

전형적인 줄무늬를 진한 색깔로 자유롭게 칠했더니 마치 바람을 맞은 것 같은 무늬가 나왔다. 간단하게 칠해도 이렇게 아주 좋은 결과물이 나올 수 있다. 이 작업은 단지 크기가 커서 계획을 세워야 하고 시간이 좀 걸리지만, 일단 물감을 칠하기 시작하면 작업은 금방 진행된다.

준비물

100% 코튼 소재의 하얀색 이불 커버와 베갯잇 2개(나는 풀·퀸사이즈 이불 커버를 썼다.)

텍스타일 물감에서 2가지 색깔[나는 자카드 다이나 플로우의 골든 옐로(Golden Yellow)와 퓨터(Pewter) 2병을 사용했다.]

끝이 뾰족한 둥근 붓 2개, 각 너비 1.9cm(0.75인치)

연습용 100% 코튼 소재 또는 오래된 코튼 침대 시트 91.5×91.5cm(1×1야드)

2.7×3.7m(9×12인치) 크기의 깔개용 비닐 2개

신문지 또는 크라프트지

아티스트 테이프

물을 채운 분무기

종이 타월 또는 깨끗한 천

자

50.8×76.2cm(20×30인치) 크기의 폼 코어foam core 보드

매직펜

타월 또는 무릎패드(선택 사항)

큰 안전핀 4개

페인팅 준비 (베갯잇)

1. 먼저 신문지나 크라프트지로 작업대 위를 덮는다. 이불 커버를 칠할 때는 바닥에서 작업할 수도 있다.

2. 연습용 천을 50.8×76.2cm(20×30인치) 직사각형으로 잘라서 베갯잇과 크기를 같게 한다. 이렇게 하면 얼마큼 줄무늬를 넣을지 정확하게 감을 잡을 수 있다. 연습용 천 가장자리에 테이프를 붙여 작업대에 고정하고, 천을 팽팽하게 당겨 편다. 천이 약간 젖어서 만지면 차가울 때까지 분무기로 물을 뿌린다. 천이 너무 젖으면 고르게 젖도록 종이 타월이나 깨끗한 천으로 닦아낸다.

3. 연습용 천의 한쪽 위 구석에 자를 약 45도 각도로 놓는다. 그다음, 붓을 노란색 물감에 담갔다가 흔들어 물감을 털어내고 자를 대고 대각선으로 칠한다. (젖은 천에 물감을 적신 붓으로 선을 그으면 잉크 '웅덩이'가 생긴다.) 붓과 자 사이 간격은 1.3cm(0.5인치) 정도로 한다. 코튼에 물감이 흐르지 않도록 밑에 천이나 종이 타월을 깐다.

4. 자를 10.2cm(4인치) 정도 옆으로 옮겨 노랑 대각선을 하나 더 그린다.

5. 두 번째 붓으로 3단계와 4단계를 반복하면서 회색 물감을 칠하는데, 회색 줄무늬가 노란색 사이에 오게 하여 색깔을 교대로 배치한다. 전체를 채울 때까지 계속 붓질한다. **(A)**

6. 찬물로 리넨을 빨아서 뻣뻣함을 없애고 약 20분간 말린다. 약간 축축하지만 물이 떨어지지 않을 때 걷어낸다. 소재를 테스트할 때 이 과정도 해보면 본 작업 때 작업 시간이 줄어든다.

A. 천에 연습해본다.

B. 보드를 베갯잇 안으로 넣는다.

C. 노란색 줄무늬를 칠한다.

패턴 넣기 (베갯잇)

7. 폼 코어 보드를 베갯잇 안쪽으로 넣어 천을 팽팽하게 편다. **(B)** 3~5단계에 따라 노란색과 회색 물감을 번갈아가며 칠한다. **(C+D)**

8. 붓질이 끝나면 보드를 부드럽게 빼낸다. 보드에 잉크가 묻었으면 종이 타월이나 천으로 닦아낸다. 7단계처럼 두 번째 베갯잇도 칠한 다음, 빨랫줄에 걸거나 바닥에 평평하게 깔아서 말린다.

D. 회색 줄무늬를 칠한다.

E. 이불 커버 테두리를 깔개용 비닐에
그린다.

F. 줄무늬로 채운다.

페인팅 준비(이불 커버)

9. 시작하기 전에 이불 커버를 6단계와 같이 준비한다.

10. 작업대에 깔개용 비닐 하나를 깔고, 최대한 주름을 편다. 구석마다 테이프를 붙여 비닐이 움직이지 않도록 고정하고, 그 위에 비닐을 하나 더 깔고 테이프로 고정한다. 그다음, 이불 커버를 비닐 위에 깔고 자를 대고 매직펜으로 이불 커버 테두리를 그린다. (E)

11. 커버 테두리만큼 두 번째 깐 비닐을 자른다. 그다음, 비닐을 이불 안에 넣고 조심스럽게 펴서 붓질할 동안 아래 천에 물감이 묻지 않도록 한다. 네 구석마다 핀을 꽂아서 비닐이 미끄러지지 않도록 고정한다.

패턴 넣기(이불 커버)

12. 물감이 마르면 물을 조금 뿌리고 만지면 차갑게 느껴질 때까지 종이 타월이나 깨끗한 천으로 닦아낸다. (바닥에서 작업할 때는 무릎이 편안하도록 타월을 접어서 무릎 밑에 깔거나 무릎패드를 쓰면 좋다.)

13. 3~5단계에 따라 줄무늬를 그린다. 이불 커버가 베갯잇보다 크기 때문에 자를 움직이며 칠해야 하는데, 이때 천으로 자에 묻은 물감을 닦아내며 작업한다. 필요에 따라 물을 뿌려가며 작업하되, 마르지 않은 줄무늬에는 뿌리지 않도록 주의한다. (F)

14. 이불 커버가 줄무늬로 채워질 때까지 계속 붓질한다.

마무리하기

15. 이불 커버와 물감이 다 마르면 안전핀을 모두 제거하고 커버 안의 비닐을 꺼낸다. 제품 설명서대로 텍스타일 물감을 열처리한다. 처음에는 단독 세탁하고, 다음부터는 다른 세탁물과 함께 세탁해도 좋다.

도안 모음

꽃무늬 토트백, 66페이지

북유럽 스타일의 램프, 74페이지

깔끔하게 꾸민 사이드 체어, 77페이지

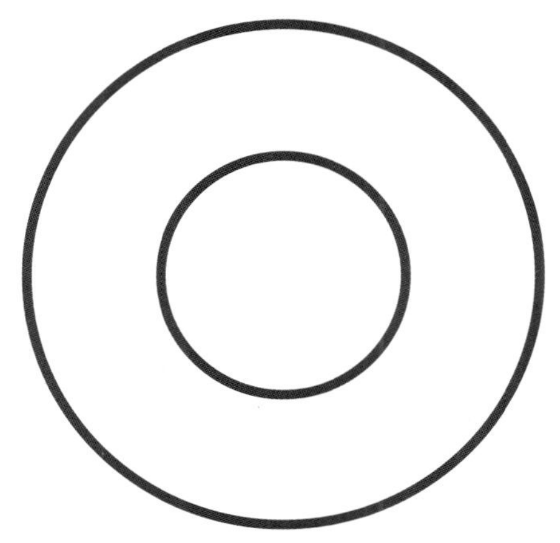

도넛 리넨 앞치마, 26페이지

멋스런 지퍼 파우치, 34페이지

깔끔하게 꾸민 사이드 체어, 77페이지

실크 인피니티 스카프, 82페이지

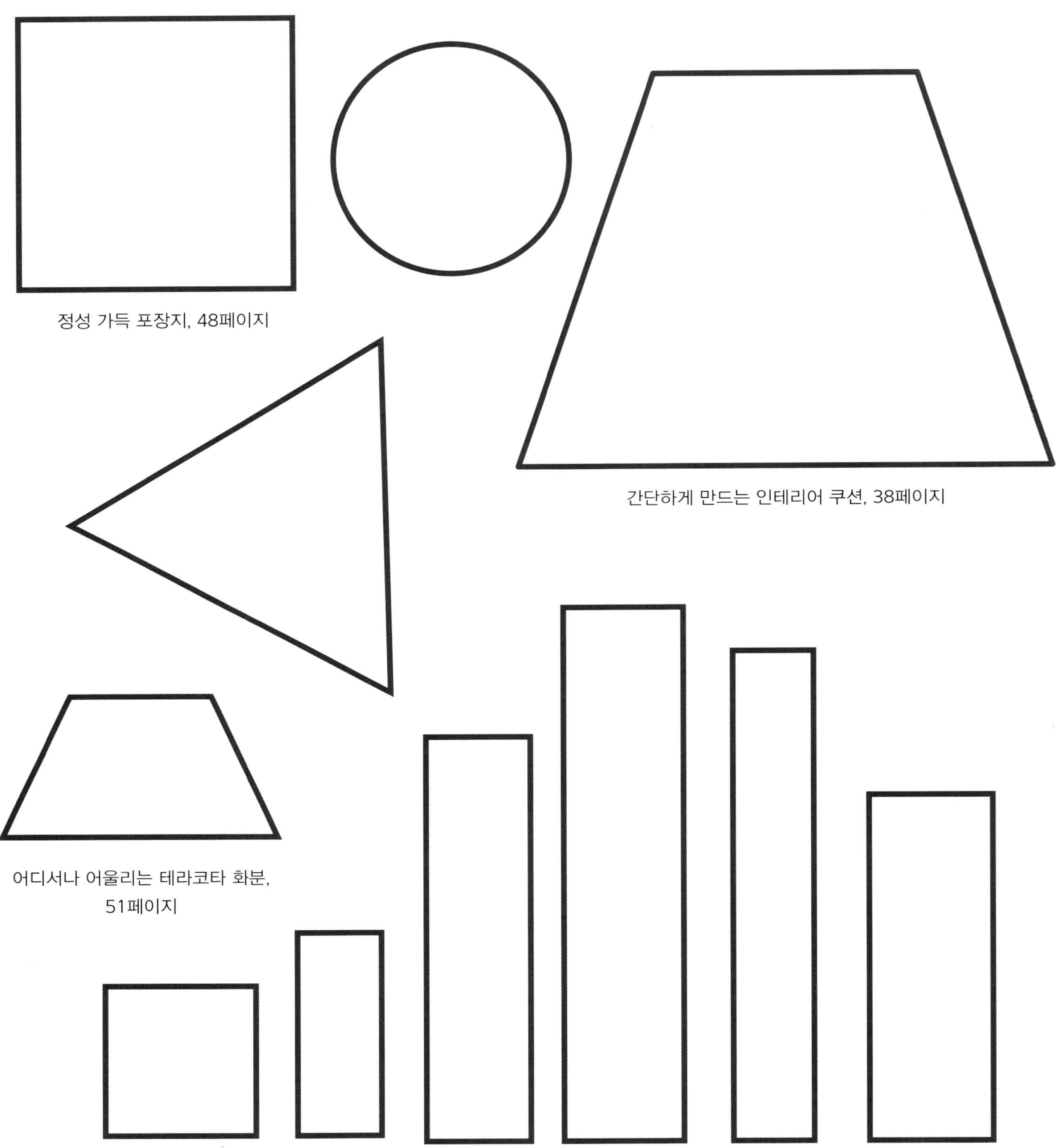

정성 가득 포장지, 48페이지
간단하게 만드는 인테리어 쿠션, 38페이지
어디서나 어울리는 테라코타 화분,
51페이지

별이 가득한 벽 인테리어, 94페이지
바다를 품은 비치 타월, 30페이지

꽃을 그려 넣은 쇼핑백, 42페이지

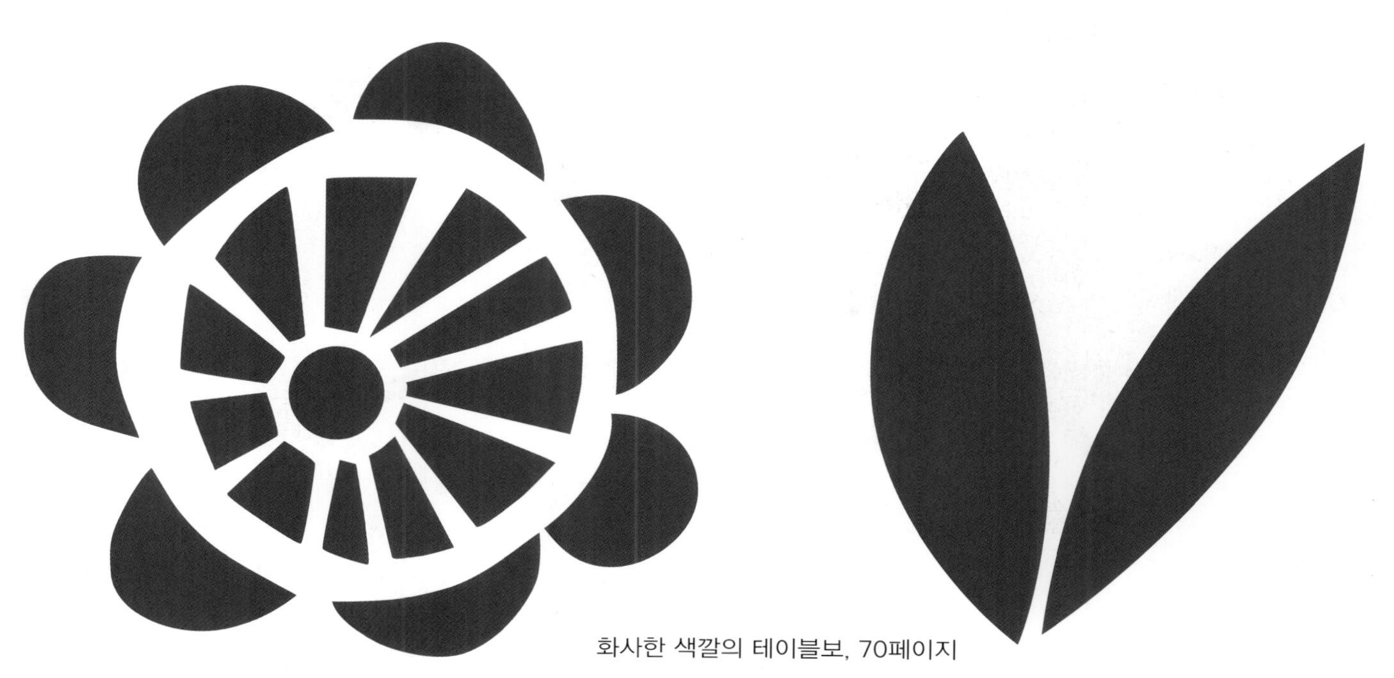

화사한 색깔의 테이블보, 70페이지

보너스 도안

추천 웹사이트

이 책에 나온 재료와 도구는 여러 미술공예용품점에서 구할 수 있다.
여러분이 사는 지역에서 찾지 못했을 경우, 아래 사이트를 참고하기 바란다.

콜라주 COLLAGE
이 책에 사용된 모든 미술용품이 있다.
www.collagepdx.com

다르마 상사 DHARMA TRADING CO.
폼 스탬프 및 여러 스탬프는 물론이고, 관련 용품과 작업하기
좋은 천연섬유도 판매한다.
www.dharmatrading.com

딕 브릭 미술 재료 DICK BLICK ART MATERIALS
다양한 판화 및 페인팅 용품을 판매한다.
www.dickblick.com

이케아 IKEA
멋지면서도 저렴한 가정용품, 옷감, 가구가 있는 곳. 이 책에
나온 작품들을 만들 때 쓰기 좋다.
www.ikea.com

포그 리넨 워크 FOG LINEN WORK
26페이지의 도넛 리넨 앞치마에 사용된 리넨 천을 여기서 구
할 수 있다. 침대, 욕실, 부엌 등에 여러 용도로 쓸 수 있는 리
넨을 판매하는데, 이 책에 나온 작품들을 만들 때 쓰기 좋다.
www.shop-foglinen.com

자카드 제조 JACQUARD PRODUCTS
모든 옷감에 사용할 수 있는 다양한 안료 제품을 판매한다. 미
술공예용품점이나 온라인상으로도 제품을 구할 수 있다.
www.jacquardproducts.com

맥클레인 판화 공급 MCCLAIN'S PRINTMAKING SUPPLIES
고품질의 조각칼 등을 비롯하여 양각 판화에서 필요한 것들을
판매한다.
www.imcclains.com

마이클스 스토어 MICHAELS STORES
물감, 붓, 그 외 공예와 날염 용품을 판매한다.
www.michaels.com

펄 소호 PURL SOHO
염색된 코튼과 단색 직물 등 다양한 천을 판매한다. 해외배송
도 가능하다.
www.purlsoho.com

탠디 가죽 공장 TANDY LEATHER FACTORY
다양한 가죽 소재와 가죽 작업 도구를 판매한다.
www.tandyleatherfactory.com

웨스트 엘름 WEST ELM
질 좋은 세라믹, 바구니, 옷감을 합리적인 가격으로 판매한다.
www.westelm.com

감사의 글

이 책을 쓰게 되어 무한한 영광이었습니다. 가족, 친구, 동료들의 도움이 없었다면 해내지 못했을 거예요.

나도 알지 못했던 내 안의 것을 발견해주고, 자유롭게 아이디어를 낼 수 있도록 도와준 멜라니 팔릭Melanie Falick 편집자에게 감사드립니다. 당신의 응원과 충고가 없었다면 이 책은 나오지 못했을지도 몰라요. 처음 책을 내는 내가 긴장하지 않게 다독이며 바른 길로 인도해주셔서 감사드립니다.

각 작품의 설명을 잘 정리해주신 밸러리 슈레더Valerie Shrader 교정자에게도 감사드립니다. 당신의 따뜻함, 유머, 섬세한 감각 덕분에 작업 과정이 즐거웠고, 책도 훌륭하게 나올 수 있었던 것 같아요.

이 책을 쓰기 훨씬 전부터 좋아했고, 함께 작업하면서 더욱 좋아진 브룩 레이놀즈Brooke Reynolds 북 디자이너에게도 감사드립니다. 이 책을 다른 분이 디자인하는 건 이제 상상할 수도 없어요.

그리고 내 사진팀들. 마법 같은 에너지로 아름다운 사진을 찍어준 리사 워닝거Lisa Warninger, 스타일링 천재 첼시 퍼스Chelsea Fuss, 활기찬 모습과 사랑스러운 미소가 인상 깊었던 앰버 퍼쿼론Amber Furqueron에게 감사드립니다. 내 옆에 이렇게 뛰어난 여자들이 있었다는 건 정말 큰 행운이었어요. 모든 사진을 정성스럽게 찍어줘서 정말 감사합니다. 해 뜰 때부터 해 질 때까지 일했지만, 해변에서 작업할 때 정말 즐거웠습니다. 그리고 카라 진Kara Jean, 당신은 완벽한 모델이었어요.

프랜, 존, 레비의 해변에 있던 아름다운 집, 그리고 에이스 호텔 포틀랜드Ace Hotel Portland에서 무한한 영감을 얻을 수 있었습니다. 다른 곳에서는 이런 사진들을 찍을 수 없었을 거예요.

마리아 랄레이Maria Raleigh와 포틀랜드에 있는 콜라주의 전 직원들에게도 감사드립니다. 나의 단골 가게이자 최고의 미술공예 용품점인 이곳에서 베풀어준 후원과 관심이 저에게 큰 힘이 되었습니다. 여러분 모두 사랑해요!

웨스트 엘름은 이 책에 등장한 스탬프, 스텐실, 페인팅 작품에 쓰인 도구들을 후원해주셨습니다. 감사합니다!

내 스승이자 처음부터 내 작업을 믿고 응원해주신 레나 톰Rena Tom에게 감사드립니다. 당신의 진심 어린 충고가 이 책의 기반이 되었어요.

아담과 제이미, 이 바쁜 시기에 사업이 별 탈 없이 돌아가도록 도와줘서 고마워요.

나에게 영감을 주고 나를 응원해준 친구들, 모두 사랑합니다. 특히 시간을 내주고 재능도 나눠준 콜린, 아이들을 돌봐주고 멋진 소품을 가져다준 제시카, 나를 웃게 해준 데인, 그리고 내가 필요로 할 때 언제든 옆에 있어줬던 언니 사라. 모두 고마워요.

마지막으로 가족의 변함없는 응원이 아니었다면 이 책을 쓰지 못했을 겁니다. 우리 딸 안젤리나와 아이리스, 항상 엄마를 응원해줘서 고마워. 아이들은 내가 일에 파묻혀 있을 때도 불평 한 번 하지 않았어요. 많이 사랑해, 우리 딸들.

이 책을 작업하는 동안 남편 빅터는 한없이 나를 사랑해주고 또 힘든 상황을 이겨냈어요. 정말 뭐라 표현할 수 없이 고마웠습니다. 빅터가 없었다면 이 책을 완성하지 못했을 겁니다. 이 책을 시작하기 전보다 지금 훨씬 더 남편을 사랑하게 됐어요.

자신감을 가지고 넘어져도 다시 일어날 수 있도록 웃음을 준 아빠에게도 감사드립니다. 옆에 계시지 않지만, 아빠는 내게 슬픔보다 영감이 훨씬 크고 위대하다는 것을 보여주셨어요.

그리고 내가 이 책을 작업할 수 있게 도와주신 엄마에게도 감사드립니다. 엄마는 뛰어난 아티스트이자 판화가이며 교사세요. 엄마는 언제나 나를 응원해주셨고, 아티스트 그리고 엄마가 되기 위해 알아야 할 모든 것을 가르쳐주셨습니다. 또, 이 모든 역할을 똑같이 소중하게 여겨야 하는 이유도 가르쳐주셨죠. 엄마, 고마워요.

지은이 안나 조이스(Anna Joyce)

오리건 주 포틀랜드에서 활동하는 아티스트이자 텍스타일 디자이너이며 교사다. 다양한 옷과 가정용품에 디자인을 손수 그려 넣었다. 조이스의 작품은 『럭키(Lucky)』 『리얼 심플(Real Simple)』 『앤톨로지(Anthology)』 『몰리 메이크스(Mollie Makes)』 잡지와 「마사 스튜어트(Martha Stewart)」 「디자인*스폰지(Design*Sponge)」 「오 조이(Oh Joy!)」 「SF 걸 바이 베이(SF Girl By Bay)」 등 여러 디자인 블로그에 소개되었다. 캘리포니아 예술대학(California College of the Arts) 판화학과를 졸업했다. • 웹사이트: annajoycedesign.com.